王震学　刘钰莎 ◎ 编写

课本中的数学家

KEBEN ZHONG DE SHUXUEJIA

农村读物出版社
CHINA RURAL READING PRESS
中国农业出版社
北京

数学是科学的大门和钥匙，忽视数学必将伤害所有的知识，因为忽视数学的人是无法了解任何其他科学乃至世界上任何其他事物的。更为严重的是，忽视数学的人不能理解他自己。这一疏忽，最终将导致无法寻求任何补救的措施。

——培根

　　只有通过数学，我们才能透彻地理解什么是真正的科学，只有在数学中，我们才能以高度的简明性、严格性来认识科学规律以及人类思维所能达到的抽象境界。

——孔德

　　如果我们想要预见数学的未来，适当的途径是研究这门科学的历史和现状。

——庞加莱

　　数学受到高度尊崇的另一个原因在于：恰恰是数学，给精密的自然科学提供了无可置疑的保证，没有数学，它们无法达到这样的可靠程度。

——爱因斯坦

　　数学是一种理性的精神，使人类的思维得以运用到最完善的程度。

——M.克莱因

弗朗西斯·培根（Francis Bacon，1561—1626），英国文艺复兴时期散文家、哲学家，实验科学和近代归纳法的创始人。著有《新工具》《论科学的增进》《学术的伟大复兴》等。

奥古斯特·孔德（Auguste Comte，1798—1857），法国著名的哲学家，社会学和实证主义的创始人，被誉为"社会学之父"。他创立的实证主义学说是西方哲学由近代转入现代的重要标志之一。著有《论实证精神》《实证哲学教程》《实证政治体系》等。

亨利·庞加莱（Jules Henri Poincaré，1854—1912），法国数学家、天体力学家、数学物理学家、科学哲学家。研究涉及数论、代数学、几何学、拓扑学、天体力学、数学物理、多复变函数论、科学哲学等众多领域，对 20 世纪及以后的数学影响深远。著有《天体力学新方法》《科学与假设》《最后的沉思》等。

阿尔伯特·爱因斯坦（Albert Einstein，1879—1955），20 世纪最伟大的科学家、物理学家，他提出的相对论、宇宙学和统一场论，开创了现代科学技术新纪元。著有《统一场论》《论动体的电动力学》《广义相对论的基础》等。

莫里斯·克莱因（Morris Kline，1908—1992），美国数学史家、数学教育家与应用数学家。曾任纽约布鲁克林大学文理学院数学系主任。著有《西方文化中的数学》《古今数学思想》等。

■ 前 言

数学是研究空间形式和数量关系的科学，它是其他自然科学、技术科学的基础和工具，被誉为"科学的皇后"。在人类历史发展和社会生活中，数学发挥着不可替代的作用。

数学是一门古老的科学，它起源于人类早期的生产活动，是人们历经几千年的生产实践，不断探索、不断发现和积累的结果。一个时代数学的发展，广泛地影响着人们的生活和思想，从一个侧面反映了时代文明发展的进程。

从数学发展的大线索来看，大致分为四个时期。

公元前5世纪之前，人类通过计数加，逐渐建立了自然数的概念，掌握了简单的计算方法，能认识简单的几何图形。当时的算术和几何没有分开，数学发展尚处于未分类阶段，被称为数学形成时期。

从公元前5世纪到17世纪，在这个跨度很长的时间段内，以公元前6世纪希腊几何学创立为转折点，数学逐渐向抽象、理论阶段发展，初等数学逐步形成。在后来不断地发展和交流过程中，形成了几何、算术、代数、三角等主要分支，这一时期被称为初等数学时期，又称为常量数学时期。

从17世纪到19世纪70年代，随着手工业生产向机器生产的过渡以及航海、军事等方面的快速发展，原来的初等数学已经不能满足社会生产、实践的需求，变量与函数的概念随之产生，变量数学应运而生，主要体现在解析几何、微积分、高等代数等学科的诞生，这一时期被称为变量数学时期。

从19世纪70年代至今，随着变量数学的蓬勃发展，数学研究的内容和方法得到了不断充实和深入发展，诞生了抽象代数、拓扑学、泛函分析等多门学科，这一时期被称为现代数学时期。

数学的发展凝聚了人类的智慧，是人类文明进步的重要标志。数学在各个时期都有各自特点和辉煌的成就，指导着人们的社会实践活动，激励着人们不断探索，不断发现，推动了人类文明的进步与发展。

在古代，由于日常生活和生产实践的需要，人类逐渐产生了计数意识，由开始的结绳计数、石块计数等，到进一步抽象出符号计数，诞生了数的抽象概念，后来逐步发展到我们今天所用的数字。

为了解决日常生活的实际需求，如食物，牲畜、工具及其他生活用品的交换，土地的丈量、计算修建房屋所需的砖块数等，产生了古代数学的计算方法。

从公元前5世纪到15世纪，是古代数学文明的缓慢发展期。数学成就主要体现在古希腊的毕达哥拉斯学派在数学上的很多创造，具有里程碑意义的欧几里得的《几何原本》，由古印度计数方法逐渐演变形成的世界通用的"阿拉伯计数法"，阿拉伯数学家花拉子米的《代数学》等。

中国是世界上最早的文明国家之一，这个时期在数学上的贡献，主要体现在西汉年间成书的《周髀算经》，书中首次提出了勾股定理和分数；编写于东汉初期的《九章算术》，标志着中国古代数学形成完整的体系。另外，魏晋时期数学家刘徽创立的"割圆术"，用无限逼近的思想得到了圆周率的近似值；南北朝时期的祖冲之使圆周率的精确性又向前迈进了一步。到宋元时期，我国在数学领域，空前繁荣，硕果累累，达到了中国古代数学乃至当时世界数学的巅峰。主要代表人物有杨辉、秦九韶、李冶、朱世杰等。

16世纪至17世纪，文艺复兴思潮已影响到了整个欧洲，随着人们思想的不断解放，觉醒的欧洲得到了全面发展。古希腊以来的数学已经不能满足当时航海、天文观测和军事等方面发展的需求，因而数学得到快速的发展。

16世纪的意大利数学家塔尔塔利亚、卡尔达诺、费拉里等人在三次方程、四次方程的解法方面推进了代数学的发展；法国的数学家韦达创设了大量的数学符号，使数学符号系统化。

为了解决多个数相乘的积的问题，英国的数学家纳皮尔创立了对数，改进了计算方法，加快了计算速度，简化了在天文、航海等方面的烦琐计算。

17世纪，随着力学、天文学的发展，人们对数学的需求更加迫切。1637年法国数学家笛卡尔创立了解析几何，将变量引入数学，为微积分创立奠定了基础。牛顿和莱布尼茨创立的微积分，是数学发展史上重要转折点，它给自然科学的发展带来了革命性的影响，极大地推动了以机械运动为主导的17世纪至18世纪科技的发展。恩格斯曾说："微积分是人类精神的最高胜利。"

18世纪以来，经过一个世纪的尝试，欧拉、拉格朗日、达朗贝尔、柯西（Augustin Louis Cauchy，1789—1857）等数学家在推进微积分严格化的进程中，极大地扩展了微积分的应用范围，诞生了许多新的数学分支。

19世纪是数学发展充满活力的时代。这一时期，数学突破了分析学独占主导地位的局面，严密化得到了充分的重视，几何、代数、分析在各分支都开辟了新领域；随着新领域的蓬勃发展，数学家人数剧增，遍布在以欧洲为中心辐射出的多个国家；19世纪后半叶，随着各国数学学会的问世，国际数学交流活动不断增多，对数学的发展起到了积极的推动作用。

20世纪以来，在世界范围内，数学得到了空前发展。数学分支众多，知识体系庞杂，呈现出更高的抽象性、更强的统一性、更深层次的探讨性等特征。随着计算机的发明，数学与工业、农业、自然科学、社会科学、生命科学等诸多领域的联系更加紧密，人类在各个领域的发展逐渐走向高度信息化，数学应用更加广泛深入。

　　每个数学家的故事和他的伟大成就，是我们了解不同时期数学发生、发展的一面镜子，是一个时代文明的见证。人们可以从每一个数学家身上体会到他们为数学而执着探索、锲而不舍、勇于创新的精神，并以此激励和鞭策自己。

　　希望同学们通过数学家的故事，在数学文化的熏陶下，感受数学的魅力，得到更多的启迪和思考。

编　者

2023 年 2 月

毕达哥拉斯

Pythagoras

姓　　名：毕达哥拉斯（Pythagoras）

出 生 地：希腊萨摩斯岛

生 卒 年：约前580—约前500

主要贡献：毕达哥拉斯定理，证明正多面体的个数

毕达哥拉斯是古希腊数学家、哲学家，在历史上有影响的人物中，他是最有趣的人物之一。他的思想对西方的科学产生了重要影响。他创立的毕达哥拉斯学派，虽然带有神秘的宗教色彩，但他们对美学和数学的研究做出了重大献。

■ 用"数"解释一切

约在公元前 580 年，毕达哥拉斯出身于一个贵族家庭，小时候，他爱好广泛，聪明好学。由于优越的家世背景，九岁那年，他被父亲送到叙利亚，拜师到知名学者门下，学习了东方的宗教、诗歌、音乐、数学、天文学等。

他从小就向往东方的智慧，后来他历经万水千山，游历了多个地方，包括当时文明程度较高的古国——古巴比伦和古印度。在游历学习

毕达哥拉斯雕像

的过程中，他不仅吸收了阿拉伯文明和印度文明的文化精髓，同时也宣传了希腊的哲学思想。

后来，他来到了意大利南部地区，在一个叫克罗顿市的地方定居下来。他一边传授数学知识，一边宣传他的哲学思想。由于他学识渊博，得到了弟子们的崇拜，他和他的弟子在那里创办了一个研究哲学、数学和自然科学的团体，后来发展成带有宗教、政治色彩的毕达哥拉斯学派。他们倡导男女地位一律平等，一切财产都归公有。他们坚信"万物皆数"，世间一切都可用"数"来解释。

从当时的哲学和数学发展的角度来讲，这种认识是一种巨大的进步，它使人们相信世界万物的发展，离不开对"数"的应用和研究。

■ 毕达哥拉斯定理

毕达哥拉斯定理是一个基本的几何定理，它的内容是：给定一个直角三角形，则该直角三角形斜边的平方，等于这个直角三角形两直角边平方的和。反过来，如果一个三角形两边的平方和等于第三边的平方，则该三角形为直角三角形（逆定理）。

这个定理不仅在数学上有着广泛的应用，而且它还在建筑学、测量学方面也有着广泛的应用。在中国，这个定理被称作勾股定理。

关于毕达哥拉斯定理是如何被发现的，现在无从考证。但美丽的传说却永远描绘着人们对科学知识的向往和追求。

相传，有一次，一位贵族官员邀请毕达哥拉斯参加聚餐会，当毕达哥拉斯走进这个官员的豪华宫殿时，餐会还没有开始，此时，餐厅内漂亮的正方形地砖吸引了他。这位善于观察的数学家凝视着脚下这些排列规则的方形地砖，视线一直没有离开地面。慢慢地，他俯下身，拿起画笔以一块正方形地砖的对角线为边长画出了一个正方形，他发现这个正方形的面积恰好等于原来两块正方形地砖面积的和。接着，他又以两块正方形地砖拼成的长方形的对角线又做出了一个新的正方形，他又发现这个新的正方形面积等于原来五块正方形地砖的面积的和。于是，毕达哥拉斯得出了一个大胆的猜想，这个猜想就是我们前面提到的著名的毕达哥拉斯定理。

早在公元前 1600 年，古巴比伦人就知道勾股数。在中国，公元前 2 世纪到前 1 世纪成书的数学著作《周髀算经》①记载了中国西周数学家商高的一段话，"……故折矩，勾广三，股修四，经隅五。"为了表述简单，后人把这个结论写成"勾三股四弦五"，并把它称为勾股定理，也叫商高定理。据说，《周髀算经》中并没有对勾股定理进行证明。

当然，需要指出的是，发现勾股数如（3，4，5）(5，12，13)(7，24，25)等，并不等于发现了勾股定理，更不等于证明了勾股定理。这个定理的证明，最初是毕达哥拉斯用演绎的方法进行的，直到欧几里得才给出了清晰完整的证明。

关于这个定理的证明，千百年来许多几何爱好者情有独钟，证明方法之多，是其他任何定理所无法比拟的。美国的数学家鲁姆斯②所著《毕达哥拉斯定理》一书，收录了对这一著名定理的三百多种证明方法，令人眼花缭乱。

有关毕达哥拉斯定理还有另一个故事，就是他的一个学生希帕索

---

① 《周髀算经》，原名《周髀》，是中国最古老的天文学和数学著作，约成书于公元前 1 世纪，唐初将其定为国子监明算科教材之一，故称为《周髀算经》。书中介绍了勾股定理及其在测量和天文计算上的应用，也阐明了四分历法，并总结提出"盖天说"宇宙模型。

② 鲁姆斯（E.S.Loomis,1852—1940），又译为卢米斯，美国俄亥俄州的数学教师。著有《毕达哥拉斯定理》，收集了 367 种毕达哥拉斯定理的证明方法。

斯①通过勾股定理发现了无理数，如一个边长为 1 的正方形，其对角线便不能与边长通约，而成为无法用整数或整数之比来表示的数（无理数）。这一发现打破了毕达哥拉斯学派关于宇宙万物皆为整数与整数之比的信条。为了老师和谐的"数的大厦"不致倒塌，并坚守对毕达哥拉斯的忠心，弟子们将希帕索斯丢进了大海。

在几何学方面，毕达哥拉斯学派除了发现和证明了毕达哥拉斯定理，他们还对黄金分割、正五角形和相似多边形的作图方法进行了研究，证明了正多面体只有五种——正四面体、正六面体、正八面体、正十二面体和正二十面体。

■ 隐藏在数字背后的秘密

毕达哥拉斯和他的学派在数学上有很多成就，尤其体现在对整数变化规律的探究上。

他们发现了亲和数（两个数是亲和的，即两数之间任何一个数是另一个数的真因子之和）和完全数（除其本身以外全部因数之和等于本身的数），如：284 和 220 是一对亲和数；6，28，496 是完全数。同时，他们还将因数之和大于其本身的数称为盈数，将因数之和小于其本身的数称为亏数。

他们将自然数区分为奇数、偶数、素数、完全数、平方数、三角数和五角数等。提出了区别奇数、偶数、素数的方法，给出了素数是完全数的证明。

---

① 希帕索斯（Hippasus，生卒年不详），又译为希伯斯。毕达哥拉斯的得意弟子，首先发现无理数。

■ "和谐"的乐律

　　毕达哥拉斯不仅是数学家、哲学家，还是一位音乐理论家，是音阶研究的始祖。他发现，对于有同样张力的琴弦，为了使音阶提高 8 度，则琴弦长度应取原长度的 1/2；若要提高 5 度，则琴弦应取原长的 2/3；若要提高 4 度，则应取琴弦原长的 3/4；他还注意到，用三根琴弦发音时，当这三根弦的长度之比为 3∶4∶6 时，就能得到和声的谐音。由于数字和音乐有着密切的关系，他对这种数字"和谐"的研究，对后来的古希腊哲学家的思想产生了较大影响。

　　有关"和谐"的研究，毕达哥拉斯学派并没有止步于音乐，他们把"和谐"的概念扩展到了对于宇宙的研究。他们认为，数的秩序支配着宇宙，数与天体运行有密切联系，宇宙中存在着"和谐"，这进一步激发了后来的天文爱好者对于宇宙研究的好奇心。

欧几里得

Euclid

姓　　名：欧几里得（Euclid）

出 生 地：雅典

生 卒 年：前 330—前 275

主要贡献：欧氏几何学，公理化方法，完全数

主要著作：《几何原本》

欧几里得是古希腊著名数学家、欧氏几何学的开创者，在古代数学史上享有无与伦比的美誉，他的著作《几何原本》集前人思想和个人创造性于一体，是数学发展史中的不朽之作。正是他系统化的整理使古希腊的数学思想得到了发扬光大。

■ 少年立志"懂几何"

公元前 330 年，欧几里得出生于古希腊的文明中心——雅典。雅典城邦十分重视教育，文化氛围浓厚。小小年纪的欧几里得在此受到熏陶，十几岁时就立志进入柏拉图学园①学习。

据说，欧几里得当时随一帮满怀热血的年轻人来到柏拉图学园，但到了门口，却发现学园大门紧闭，上面赫然写着："不习几何者，不得入内！"这句话原本是柏拉图为了继承毕达哥拉斯重视数学的传统，以此警示前来学习的学生用的。可这些年轻人以为学园的规定是不懂几何的人不得入内，因此面面相觑，心想着正是因为自己不懂才来这里求学的呀！学院不会是在捉弄人吧？正在这时，欧几里得大步走出人群，正了正衣冠，笃定地推开大门，头也没有回地走了进去。

此后，欧几里得孜孜以求，以潜心研究柏拉图的学术著作为自己最大的目标。通过对柏拉图数学思想的深入钻研，欧几里得得出了自己的结论：图形是神绘制的，所有一切现象的逻辑规律都体现在图形之中。

他把研究几何当作自己的主要任务，并最终在数学方面取得了卓越的成就。

---

① 柏拉图学园，前 385 年由柏拉图创立，又称"阿加德米"（Academy）学园。今天大学的"学院"就是从"阿加德米"这个词演变来的。

■ 汇集前人成果，终成"欧氏几何"

几何学最早产生于人们对星体形状、排列位置的观察，产生于日常劳动中丈量土地、测量容积、制造器皿与绘制图形等实践活动的需要。在观察、实践的基础上，人们积累了丰富的几何经验，这些粗略的概念反映了经验事实之间的联系，诞生了最早的几何学——实验几何。事实上，现在我们所谓的几何学，其原意就是土地测量术的意思。

几何学从古埃及传入雅典之后，经过毕达哥拉斯学派的发展，已经有了相当的基础，但是直到欧几里得时期，这些知识都还是片段、零碎的，缺乏系统性的形式。那个时候，不同公理、证明、公式之间的关系混乱，相互之间缺乏联系性，当然更谈不上严格的证明和论证了。

但是古希腊那时正值迅速发展的阶段，人们生活愈发富足，土地开发和农林畜牧各业都得到迅猛发展，人们不仅对于土地测量方法的需求更加迫切，对于有条理、系统化的几何学体系的需求同样急迫。敏锐的欧几里得凭借自己超人的洞察力，探查到了社会发展的需求和几何学理论的发展趋势。

于是欧几里得下决心要在有生之年完成一套可以前后贯通、自圆其说的几何学著作，成为几何学第一人。为了追溯几何学的起源，他长途跋涉，不辞辛苦，风餐露宿，足迹从爱琴海边的雅典古城，一直到尼罗河流域的亚历山大城，四处收集之前的专著和手稿，向当地著名的学者请教。在这个过程中，他边搜集边整理，记录下自己对于各种几何问题的理解，初步尝试著书立说。

在亚历山大这座新兴的、文化蕴藏丰富的异域城市中，欧几里得忘我地工作，经历了无数个日日夜夜，终于实现自己的初衷——几经易稿的《几何原本》完成了。

正是《几何原本》这部著作使几何学成为一门系统的、独立的、演绎的科学，也使欧几里得成为当之无愧的几何第一人。后来基于欧几里得理论和《几何原本》所涉及的研究领域被称为欧几里得几何学，简称欧氏几何（现在欧氏几何有时也指代平面几何）。时至今日，《几何原本》仍是欧洲乃至世界各国学生的几何学启蒙读物，欧几里得被后世尊为"几何之父"是当之无愧的。

■ 影响深远的几何巨著

《几何原本》被认为是史上最成功的教科书，其在西方的流传度仅次于《圣经》。在这本几何学的"圣经"中，欧几里得开门见山地给出了二十三个定义、五个公设、五个公理。其中包括著名的平面几何五大公设：

公设 1：任意一点到另外任意一点可以画直线；

公设 2：一条有限线段可以继续延长；

公设 3：以任意点为心及任意的距离可以画圆；

公设 4：凡直角都彼此相等；

公设 5：同平面内一条直线和另外两条直线相交，若在某一侧的两个内角和小于二直角的和，则这二直线经无限延长后在这一侧相交。

《几何原本》采用公理化的方法编写，这一方法也成了后来建设任何知识体系的范例，在近两千年间，被奉为必须遵守的严密逻辑的模本。

此外，欧几里得还在书中对完全数做了探究。

完全数，也被称完美数或完备数，是一类特殊的自然数，其因子之和恰好等于它本身。例如第一个完全数是 6（1+2+3=6），第二个完全数是 28（1+2+4+7+14=28）；第三个完全数是 496（1+2+4+8+16+31+62+

124+248=496），后面的还有 8128、33550336 等。

欧几里得算法又称辗转相除法，是一种用于计算两个正整数最大公约数的方法。目前被应用在数学和计算机两个方面。欧几里得算法和扩展欧几里得算法可使用多种编程语言实现。

此外，书中还对数论、相似形、透视等方面的问题进行了讨论。

虽然《几何原本》早在公元前 3 世纪就已经著成，欧几里得的成果也早已为整个欧洲科学界奉为圭臬，但直到明朝末年，欧几里得的《几何原本》一书才被介绍到中国，直到 20 世纪初的清末，中国废除科举、兴办现代学校，以《几何原本》为主要内容的初等几何学才成为中等学校的必修科目。不过值得一提的是，明末徐光启[①]和利玛窦[②]合作翻译的《几何原本》，确立了包括几何、点、线、直线、平行线、角、三角形和四边形等的中文译名，这些译名一直流传到今天，并影响到日本、朝鲜等国。

■ 几何学习没有捷径

欧几里得应托勒密一世[③]的邀请，来到亚历山大[④]成为了一名教授。

---

① 徐光启(1562—1633)，字子先，上海人，1603 年入天主教。明代农学家、天文学家、数学家。师从利玛窦学习，积极介绍西方的天文、历法、数学、测量和水利等科学技术，为 17 世纪中西文化交流做出重要贡献

② 利玛窦（Matteo Ricci，1552—1610），意大利人，天主教耶稣会传教士、学者，在华传教 28 年，是促进中西文化交流的先驱之一。他与徐光启等人合译的欧几里得《几何原本》是中国数学史上的一件大事，改变了中国数学发展的方向。

③ 托勒密一世（Ptolemy I，前 367—282），原为亚历山大大帝麾下的一位将军，后成为埃及托勒密王朝的创建者。

④ 亚历山大城(Alexandria)，始建于公元前 332 年，是以马其顿王国（亚历山大帝国）国王亚历山大大帝命名的港口城市。

对学生来说，他是一位知识渊博、温良敦厚的好老师，总是循循善诱，鼓励学生刻苦钻研、不投机取巧，深得学生敬爱。

欧几里得的几何学在为人们的生活带来便利的同时，也燃起了人们的求知欲。一时间，数学成为整个社会的热门话题，就连见多识广的亚历山大国王托勒密一世，也赶潮流般地学习几何。可一段时间下来，国王越学越吃力，于是苦恼地问欧几里得："学习几何学可有捷径?"

欧几里得听后笑道："抱歉，陛下!学习数学和学习一切科学一样，是没有什么捷径可走的。学习数学，人人都得独立思考，就像种庄稼一样，不耕耘是不会有收获的。在这一方面，国王和普通老百姓是一样的啊。"

托勒密王听后感触很深，从此再也没有提过捷径的事情。而这一故事也传至百姓的耳中，"在几何学里，没有专为国王铺设的大道。"从此成为警示求学者踏实奋进不投机取巧的千古箴言。

几何学习没有实利

欧几里得十分摒弃狭隘的实用主义观点。来拜欧几里得为师的人络绎不绝，但其中不乏有人看到别人学几何，便想来凑凑热闹。根据后来普罗克洛斯[①]的记述，曾有一位学生才学习了第一个命题就问欧几里得："老师，学习几何会使我得到什么好处?"欧几里得随即叫来了仆人并说道："给他拿三个钱币，因为他想在学习中获取实利。"

---

① 普罗克洛斯(Proclus，410—485)，希腊哲学家、天文学家、数学家，新柏拉图主义哲学运动的最后一位代表人物。曾在柏拉图学园学习，并成为学园的领导人和导师。

总的来说，欧几里得所作的最大贡献在于系统地将前人的数学成果整理和总结，经过严密的推导和演绎，把原本建立在一些公理之上的初等几何学变成了一个严谨而完整的系统。其著作《几何原本》对于几何学、数学，甚至整个欧洲对于科学问题的思考方法都产生了极大的影响。

■ 测量金字塔

在古代，人们建造了埃及金字塔，但是不知道金字塔有多高，于是就有人说要测量金字塔的高度比登天还难。这件事传到了欧几里得的耳朵里，他说，这个并不难，当有太阳出来的时候，你的影子和你的身高一样长的时候，金字塔的影子就是金字塔的高度。

塔尔塔利亚

Niccolò Tartaglia

姓　　名：尼科洛·塔尔塔利亚（Niccolò Tartaglia）

出 生 地：意大利布雷西亚(Brescia)

生 卒 年：1499—1557

主要贡献：发现一元三次方程的代数解法，对弹道和抛体问题的研究

主要著作：《论数学与度量》

塔尔塔利亚是 16 世纪意大利数学家。他发现了三次方程的代数解法，并形成了相关理论。虽然这个发现曾陷入了一场戏剧性的争论之中，但历史对他的贡献的认可并没有缺失。军事方面，他在弹道学理论研究上迈出了重要的一步，做出了开创性的贡献。

■ 从不幸童年走出来的塔尔塔利亚

其实，塔尔塔利亚的真名叫丰坦纳（Fontana）。至于为什么会有"塔尔塔利亚"这样一个名字呢？这要从他悲惨的童年说起。1499 年，塔尔塔利亚出生于意大利的布雷西亚。虽然家境不算富裕，但他的父亲希望儿子能接受最好的教育，于是他从四岁起就开始上学，不幸的是六岁时他的父亲去世了，这突如其来的变故使塔尔塔利亚本就不富裕的家庭雪上加霜。

1512 年，法国军队入侵了他的故乡布雷西亚，十三岁的丰坦纳和家人为了躲避战火，藏进一座天主教堂，但是，一家人仍然没能免于这场灾难。入侵者像恶鬼一样地闯进教堂，在天主面前肆虐地滥杀无辜。一名法军士兵举刀砍来，可怜的小丰坦纳头部被砍伤，过了很长一段时间，在母亲的悉心照料下，他的伤口虽然痊愈，但由于伤到了脑神经，导致丰坦纳说话不灵活，吐字不清晰，人们因此给他起了个绰号叫"塔尔塔利亚"，在意大利语中，意为"口吃者"，这就是他这个名字的由来。

由于塔尔塔利亚天资聪慧，学习勤奋刻苦，在母亲的指导下，他掌握了拉丁文和希腊文，并对数学产生浓厚兴趣。只是母亲一人的辛勤劳作并不能支持家里的开支，家境的贫穷，让他连文具纸张都难以保证，很多时候，他不得不用小石块当笔，在别人废弃的旧石板上刻画、计算。后来，他妈妈委托朋友，将他带到帕多瓦（Padova）学习生活。

十七岁那年，他当上了数学教师，先后在布雷西亚、维罗纳 (Verona) 教学。

1534 年，塔尔塔利亚移居到威尼斯，在那里继续教授数学。在完成教学工作之余，他还在教堂公开讲课，继续进行数学研究，相继出版了《论数字与度量》《数量总论》《各种问题与发明》等多种学术著作，发表关于抛射体理论的文章，并翻译欧几里得的《几何原本》等。后来他辗转于家乡布雷西亚和威尼斯之间，从事数学教学和研究工作，直至去世。

■ 一元三次方程解法的争论

1494 年，意大利数学家帕西奥利[①]在《算术、几何、比例和比例概述》中，列举了当时解一元三次方程的失败过程，认为解一元三次方程或许是不可能的。1502 年，帕西奥利在博洛尼亚大学任教，曾与意大利数学家费罗[②]讨论过这个数学问题。若干年后，费罗率先解出了其中一类缺少二次项的正系数三次方 $x^3+px=q$。但是，因为当时保密风气盛行，费罗并没有将他的这个一元三次方程的解法发表，而是秘传给了他的学生菲奥尔 (Antonio Maria Fior)，而这个学生准备将它用于公开的数学竞赛，作为他出奇制胜的法宝。

1530 年，在塔尔塔利亚的家乡布雷西亚，一个叫科伊 (T.de.Coi)

---

① 卢卡·帕西奥利 (Luca Pacioli, 1445—1517)，又译为帕乔利。意大利数学家、会计学家、艺术学家，被誉为"现代会计之父"。著有《算术、几何、比例和比例概述》（即《数学大全》），是最早论述 15 世纪复式簿记发展的总结性文献，推动了西式簿记的传播和发展。

② 希皮奥内·德尔·费罗 (Scipione del Ferro, 1465 – 1526)，意大利数学家，1496 年至逝世一直任博洛尼亚大学教授代数学和几何学。

的数学教师向塔尔塔利亚提出两个问题，都是关于一元三次方程的求解问题：$x^3+3x^2=5$ 和 $x^3+6x^2+8x=10$。为了找到问题的答案，塔尔塔利亚经过很多次求证和研究，终于找到了前一个方程 $x^3+3x^2=5$ 的一般解法，并得到该方程的正实根。

这件事情发生后，菲奥尔听说了塔尔塔利亚会解三次方程，他对此深表怀疑。因为他自恃掌握了 $x^3+px=q$（p、q 为正数）的解法，于是菲奥尔向塔尔塔利亚提出挑战，并要求两人进行公开竞赛。

知彼知己才能百战不殆，塔尔塔利亚知道菲奥尔是费罗的得意弟子，并曾获得费罗的解题秘传，他不敢轻敌。为了迎接这场公开竞赛，塔尔塔利亚认真准备，做足功课，终于在竞赛的前几天，惊喜地找到了这类方程的解法。

双方将公开竞赛定于 1535 年 2 月 22 日在威尼斯进行，竞赛规则是各自向对方提出三十个问题。菲奥尔的问题全都为 $x^3+px=q$ 类型的方程，塔尔塔利亚已经总结出了这类方程的一般解法，因此，他仅仅用了两个小时，三十个问题就全部迎刃而解。而塔尔塔利亚提出的问题多数属于 $x^3+mx^2=n$（m，n 为正数）类型的方程，菲奥尔并没有这方面的准备，因此以失败告终。

这次公开竞赛塔尔塔利亚大获全胜的消息不胫而走，在整个数学界引起不小的轰动，数学天才塔尔塔利亚迅速扬名整个意大利。

塔尔塔利亚在原有研究的基础上，继续对三次方程进行深入研究。1541 年，他得到了 $x^3\pm px^2=\pm q$，$x^3\pm px=\pm q$（p，q 为正数）这两类三次方程的解法。他打算写一部相关的数学专著，公布他对一元三次方程的这些解法。然而，这一计划却流产了，一个名叫卡尔达诺[①]的数学家

① 吉罗拉莫·卡尔达诺（Girolamo Cardano，1501—1576），又译为卡丹。意大利文艺复兴时期"百科全书式的学者"，数学家、物理学家、医生、哲学家、古典概率论创始人。他建立了二项定理和二项系数；其《论赌博游戏》被认为是第一部概率论著作；他也是历史上第一个对斑疹伤寒做出临床描述的人。

彻底打乱了塔尔塔利亚的数学专著计划。

1539 年，正在米兰写《算术、几何和代数的实践》的卡尔达诺，得到塔尔塔利亚发现三次方程解法的消息后，便开始三番五次地与塔尔塔利亚联系，态度虔诚地讨教他的三次方程的解法，没能如愿之后又施计与塔尔塔利亚见面。

见面后卡尔达诺再三承诺一定会对此保密，不会公开发表。无奈之下塔尔塔利亚将三次方程的解法以诗歌形式告诉了卡尔达诺。卡尔达诺又在信中恳求他进一步解释诗歌的含义，塔尔塔利亚没有答应。后来，卡尔达诺终于参透了塔尔塔利亚诗歌中的三次方程解法。有了塔尔塔利亚解法的引导，卡尔达诺很快得到了各种类型三次方程的解法，而且给出了证明方法。

1545 年，卡尔达诺出版《技术大观》一书，将三次方程的解法发表了出去。虽然卡尔达诺在书中写明了方程解法源于塔尔塔利亚，但是，同时他也指出，费罗在此前也已经发现了 $x^3 \pm px = \pm q$（p、q 为正数）类方程的解法，但塔尔塔利亚依旧认为卡尔达诺违背了保密的承诺。因此，他们之间不可避免地展开一场激烈的论战。

1546 年即《技术大观》出版后的第二年，塔尔塔利亚在威尼斯出版了他的著作《各种问题和发明》。书中通过对话和书信等纪实形式，详细陈述了他的三次方程解法的发现过程，以及与科伊、菲奥尔、卡尔达诺等人的交往经历。同时，他在书中强烈地斥责了卡尔达诺的失信行为。面对塔尔塔利亚的斥责，卡尔达诺本人保持缄默，却一直让他的学生费拉里[①]代他出面应对。

其实早在 1540 年，费拉里已在三次方程解法的基础上，发现了四次方程的代数解法。有了这样的准备，1547 年，费拉里向塔尔塔利亚

---

① 费拉里（Ferrari Lodovico 1522—1565），意大利数学家，首次求出四次方程的代数解。曾为卡尔达诺的仆人和学生，后接替卡尔达诺在米兰任数学讲师。

发起挑战，希望进行一场为期三十天的竞赛。收到挑战书后，塔尔塔利亚公布了他对费拉里的回信。因为塔尔塔利亚有口吃的缺陷，所以刚开始他并不愿意与费拉里进行面对面的公开辩论。在一年半的时间里，塔尔塔利亚与费拉里一共通信十二封。在通信中，他们各自为对方提出了三十多个问题，这些问题不仅涉及代数、几何、算术等，还涉及天文、地理、建筑、光学等诸多领域。几百年前两位数学天才的通信，已成为科学发展史上的珍贵文献。

随着通信间的争论，塔尔塔利亚感觉掌握了费拉里解答中的错误，让他有了接受挑战的信心。1548 年 8 月，塔尔塔利亚和费拉里在米兰大教堂附近举行公开辩论。辩论从上午一直持续到晚上，但是，塔尔塔利亚认为听众和裁判没有主持公道，于是，第二天他便返回了布雷西亚，为此还失去了讲师职位。

后来，塔尔塔利亚在他的《论数字与度量》中叙述了论战的整个过程，关于三次方程解法及相关理论是在最后一部分进行阐述。但不幸的是，这部著作的第三部分在塔尔塔利亚逝世后的 1560 年才正式出版。由于卡尔达诺出版《技术大观》的广泛影响，三次方程的解法便被称为"卡尔达诺公式"，但塔尔塔利亚在其中的贡献也是磨灭不掉的。

■ 工程学研究的开拓性贡献

在将弹道学建立为一门实践性的数学科学的过程中，塔尔塔利亚是一位重要的承前启后式的人物，《新科学》是塔尔塔利亚的早期著作，它既是研究抛射运动和自由落体的开山之作，也是近代弹道学和炮术的奠基之作。塔尔塔利亚将数学理论首次与射击方法结合，提出射击的数学理论和遥测装置，可以说他首次论述的弹道学虽有很多瑕疵，却影响了后世几百年。对伽利略研究自由落体运动以及其他物理学家的研究起着重大的引导意义。

书中设计的特殊测量装置，被后人誉为"第一代遥测仪"。"抛射体轨迹在每一处都是曲线；初始速度一定时，45°抛射角时的射程最大"，几百年前作为数学家的塔尔塔利亚研究发现了这些沿用至今的理论，实乃经典！他还在弹道学研究中提出了很多新观点、新方法；他制作了射击表，并对防御构筑提出了自己的独到见解。他是一位数学家，也是具有军事理论天才和实践能力的军事家。

除此之外，塔尔塔利亚还对天气预报、天平平衡、斜面上重物的平衡等问题都有研究，静力学中的一些基本观点他亦有涉猎。

■ "数学百科全书"

《论数字与度量》是塔尔塔利亚最重要的数学著作，这本书涉及商业算术、圆规几何、数值计算等多个初等数学的分支理论，被后人誉为"数学百科全书"，也有人称它为 16 世纪最好的数学著作之一。

这部著作就包括了著名的"塔尔塔利亚三角形"。"塔尔塔利亚三角形"是给出二项式展开系数的三角形，塔尔塔利亚对此的研究，比法国的帕斯卡[1]的相关著作发表早了一百多年。

"由四面体边长求解体积的方法"是塔尔塔利亚在几何学领域的又

---

[1] 布莱士·帕斯卡（Blaise Pascal，1623—1662），法国数学家、物理学家、哲学家、作家。帕斯卡定理、帕斯卡三角形以及压强的国际单位"帕（Pa）"都是以其姓氏命名的。著有《圆锥曲线专论》《算术三角形》《致外省人书》《思想录》等。

一重大发现。他还发现了至今沿用的"内切于已知三角形，且两两外切的三个圆的作图法"。

此外，他的数学贡献还有很多，例如算术基础、根的开方、分母有理化、概率论和数学游戏、智力训练等。众多分支的成就，无不诠释着他对数学发展的重大贡献。

虽然塔尔塔利亚有口吃缺陷，但是他却具有良好的语言学基础和希腊数学知识。1543年，他曾翻译、注释了欧几里得的《几何原本》，该书成为第一个意大利文译本，也是《几何原本》首次以现代语言印刷的译本。同年，他又将阿基米德①的四部著作翻译成拉丁文并出版。八年后，他又注释、出版了阿基米德著作的意大利文译本。另外，他还翻译过阿波罗尼奥斯②等人的著作，他的翻译工作为古希腊数学的保存与传播做出了杰出贡献。

---

① 阿基米德（Archimedes，前287年—前212年），古希腊伟大的哲学家、数学家、物理学家、天文学家。对后世的科学发展影响巨大。浮力原理（阿基米德原理）、杠杆原理、阿基米德螺线等都是与他的名字分不开的。

② 阿波罗尼奥斯（Apollonius of Perga，约前262—约前190年），古希腊数学家，与欧几里得、阿基米德齐名。他的著作《圆锥曲线论》几乎囊括了圆锥曲线的全部性质，显示了古希腊数学的辉煌成就。

韦　达

François Viète

姓　　名：弗朗索瓦·韦达（François Viète）

出 生 地：法国普瓦图（Poitou）

生 卒 年：1540—1603

主要贡献：系统使用字母表示已知数、未知数及其乘幂，韦达定理

主要著作：《分析术引论》《论方程的识别与修正》《分析五章》

你知道在数学领域，第一个系统地使用字母表示数的人是谁吗？他是 16 世纪法国著名的数学家韦达。在西方，他被尊称为"代数学之父"。正是他对代数符号的系统使用，推进了方程论的发展，给代数学理论研究带来了重大的进步。

■ 业余爱好成就一番大事业

说起韦达，他竟然是一个业余学习、研究数学的人。如果要想知道他为什么能取得如此大的成就，就得从他的经历说起。

1540 年，韦达出生于法国的普瓦图，早年在家乡接受了初等教育，后来到普瓦提埃大学①学习法律，毕业后，曾任地方法院律师和皇室私人律师。从亨利三世②时期，韦达任最高法院律师。由于他非常喜欢数学，工作间隙，他研读了丢番图③、塔尔塔利亚、卡尔达诺和邦贝利④等前辈的著作，致力数学研究，完成了代数学和三角学方面的有关著作，为近代数学的发展奠定了基础。

有关韦达对数学知识的精妙应用，曾有这样一个小故事。

当时，法国和西班牙正在进行战争，有一次，法国军队截获了一份

---

① 普瓦提埃大学（Université de Poitiers），位于法国西部维埃纳省（Vienne）省会普瓦提埃，1431 年创建，是欧洲最古老且最负盛名的大学之一。培养了无数的学术与社会精英，如笛卡尔、巴尔扎特、拉伯雷、培根、居里夫人等。

② 亨利三世（Henry III，1207—1272），金雀花王朝的第四位英格兰国王，1216 年至 1272 年在位。

③ 丢番图（Diophantus，约 246—330），古希腊著名数学家，代数学创始人之一。有《算术》十卷传世。

④ 拉斐尔·邦贝利（Rafael Bombelli，1526—1572），意大利著名数学家、工程师。莱布尼茨称他为"分析术的卓越大师"。著有《代数学》等。

西班牙方面的秘密信件，该信件是以密码形式书写的，面对眼前的这份密码信件，法国军方束手无策，有人建议请教赫赫有名的数学家韦达，于是，国王就派人邀请韦达来帮忙。经过认真研究后，他成功破译了密码，为他的祖国赢得了战争主动权。

■ 代数符号的系统引入

代数学是由算术发展来的，代数与算术的区别之一就是代数引入了未知量。随着算术的不断发展，算术运算渐渐不能满足人们的需求，人们开始尝试用符号进行抽象的运算，但在摸索的过程中，起初是杂乱的、无序的，在经历了漫长岁月发展之后，第一个有意识地、系统地使用字母表示抽象运算的人是韦达。

在代数学研究方面，韦达曾对许多前辈数学家的著作进行过系统的研读，尤其是丢番图的著作，对他影响最大。他从丢番图使用字母缩写的思想方法中找到了灵感，把已知数、未知数和幂用字母进行表示，并对代数符号进行了改进，同时他又创设了大量的代数符号，使代数在研究一般类型的式子和方程的问题有了重大变革、代数学理论研究有了重大进步。1591 年，他的代数著作《分析术引论》出版，成为符号代数最早的一部专著。

韦达将代数符号抽象化，是数学思想的进步，是对代数学发展的推进。他的高明之处在于他所用的字母只是一个符号，不表示任何具体的意思，如果用其他的图形表示也不影响所列代数式的意义。这种抽象不再直接表现出数学关系的实际情境，引导人们从一般意义上去关注数量中的共性，谋求一类问题的统一解法。代数符号化使人们对代数本质的认识更加深刻。他与古希腊数学家丢番图都用字母表示数，不同的是，丢番图方法的本质是替代，而韦达方法的本质是抽象。

■ 韦达定理的发现

1615 年，韦达在著作《论方程的识别与订正》中记载了一系列有关变换的公式，讨论了方程根的各种有理变换，发现一元二次方程两根的和等于它的一次项系数除以二次项系数所得的商的相反数；两根的积等于它的常数项除以二次项系数所得的商。

由于韦达最早发现了代数方程的根与系数的关系，后来，人们把这个关系式称为韦达定理。同时，通过韦达定理的逆定理，也可以利用两数的和积关系构造一元二次方程。

韦达在原定理的基础上经过研究，又得到了其推广定理，进一步阐述了一元 n 次方程根与系数的关系。

虽然韦达在 16 世纪就发现了这个定理，但证明这个定理并不是一帆风顺的。直到 1799 年，数学家高斯第一次对这个代数基本定理进行了实质性的论证，韦达定理的证明才得到了破解。

韦达定理的发现，为一元方程的研究奠定了基础，为一元方程开拓了广泛的应用空间，这一定理在方程论、初等数学、解析几何、三角方面都有广泛的应用。它在二次方程根的符号的研究及有关对称方程组求解和二次曲线求解等方面，体现了独特的作用。

韦达一生中有很多著名的数学著作，其中包括《分析方法入门》《论方程的识别与订正》《分析五章》。韦达定理只是韦达代数著作中很少的一部分。他的其他著作还有《应用于三角形的数学定律》《几何补篇》《幂的数值解法》等。

韦达用代数方法解决几何问题的这一思想被笛卡尔继承，从而诞生了解析几何学。

由于韦达的论著内容深奥，言辞晦涩，生前他的论著和思想并未能得到广泛传播，所以也没有产生广泛影响。1646 年，荷兰数学家斯霍滕[1]将他的著作汇集整理并编成《韦达文集》出版，他的理论才在各地陆续传开，赢得了人们的承认和赞赏。

---

① 弗兰斯·范·斯霍滕（Frans van Schouten，1615—1660），荷兰数学家。斯霍滕定理（在一组阶数相同的多项式中，可以用比它更低阶的多项式去近似它，其表达能力也是极大的）是平面几何中最著名的定理之一。

纳皮尔

John Napier

姓　　名：约翰·纳皮尔（John Napier）

出 生 地：苏格兰爱丁堡

生 卒 年：1550—1617

主要贡献：发现对数

主要著作：《奇妙的对数定律说明书》《筹学》

约翰·纳皮尔（又译为龙比亚）是 16 世纪苏格兰的数学家，对数字计算深有研究。他一生最大贡献是对数的发现。

■ 擅长机械制作，痴迷军事研究

1550 年纳皮尔出生于苏格兰爱丁堡附近的一个贵族家庭。十六岁时，纳皮尔进入了圣安德鲁斯大学①的圣萨尔瓦特学院，在那里学习神学。年轻时的纳皮尔热衷学习宗教，是个狂热的宗教信徒。后来在担任主教的舅父的支持下，他辗转于欧洲大陆的法国、意大利和荷兰。1571 年，纳皮尔回到苏格兰。他把大量时间用于神学研究，当时正值宗教革命，苏格兰转向新教，纳皮尔写了许多文章抨击天主教。同时他也痴迷于数学的研究，只不过数学于他而言只是一种业余爱好而已。但正是在数学上所取得的成就让他名垂历史。

纳皮尔的另一个浓厚的兴趣则是军事。此时，崛起的英国正与西班牙争夺霸权地位，两国发生多次交战。出于自己对军事的痴迷。纳皮尔设计过许多具有很强杀伤力的武器，并画出了相应的示意图。如能够"清除方圆四英里（约为 6.4 千米）内所有超过一英尺（约为 0.3 米）高的活着的动物"的超强力枪炮；能够潜行于水下、自带驱动和其他破敌设施的装置的"未来水下航行器"；拥有"一张血盆大口"，能"毁灭所经之处的任何东西"的特殊战车，等等。尽管迄今为止我们都无法得知当时他是否成功地制造出了那种武器，但无论如何，他的军事设想

_____

① 圣安德鲁斯大学（University of St Andrews），建于 1413 年，是苏格兰最古老的大学，也是英语世界中继牛津大学与剑桥大学后，历史最为悠久的顶尖名校。先后培育了六位诺贝尔奖得主以及英国国王詹姆斯二世、查尔斯三世和法国政治家马拉等著名政治家。

已经具备了现代兵器的雏形。

事实上，纳皮尔在军事机械工程乃至天文学方面并没有多大名气，真正让他名垂数学发展史的是其在数学应用上的贡献。

■ "黑夜的长空划过一道闪电"，对数来了

纳皮尔所处的年代，正值哥白尼的"日心说"刚开始流行，是近代天文学的萌芽阶段。神秘的太空吸引了当时无数科学家和科学爱好者投身到天文学的研究中。然而，阻碍当时天文学发展的除了没有望远镜，还有庞大繁杂的"天文数字"。那时还没有计算机，所有的数字都是靠天文学家没日没夜地进行人工计算。烦琐复杂的数值计算令人苦不堪言，很多人花费了大量时间，甚至是毕生的时间。我们现在常说的"天文数字"，正是来自那个时候。

为了简化大数的计算，纳皮尔进行了不断的努力和探索。刚一开始，他是在研究球面三角计算的简化时，构造出类似于对数的方法。后来，为了全面掌握对数的规律，他全力以赴、潜心探索。直到1614年，他终于将自己多年对于对数的研究成果编成《奇妙的对数定律说明书》（*Mirifici logarithmorum canonis descriptio*）出版。这本书总计三十七页的解释和九十页的对数表，竟用去了他整整二十年的时间。

纳皮尔的《奇妙的对数定律说明书》一经出版，就引起了人们的广泛兴趣。对对数素有研究的几何学教授布里格斯[①]专程从伦敦来到爱丁

① 布里格斯（Henry Briggs, 1561—1630），英国数学家、天文学家。曾任伦敦格雷沙姆学院首任几何学教授，是最早认识对数重要价值的科学家。1624年出版第一本常用对数专著《对数算术》。

堡，在向这位伟大的对数发明者表达敬意的同时，也提出了建议：把纳皮尔之前的对数规则进行适当修改，使得 1 的对数是 0，10 的对数为 10 的适当次幂，这样更方便、实用。至此，我们今天常用的对数就基本形成了。

不过纳皮尔当时发明的对数与现代数学的对数理论还有些形式上的差异。由于在那个时代，常量数学还有很大局限性，"指数"的概念还没形成，纳皮尔也不可能像现代数学课本那样通过指数来引出对数。纳皮尔引出对数概念的方式非常独特，是通过研究直线的运动得来的。不仅如此，当时没有计算机等辅助工具，对于研究人员来说，计算多位数之间的乘积都算得上十分复杂的运算。为了简化运算，纳皮尔先发明了一种特殊的计算多位数乘积的方法。

他首先构建了下面这两组数字：

0　1　2　3　4　5　6　7　8　9　10　11　…

1　2　4　8　16　32　64　128　256　512　1024　2048　…

现在的我们可以看到这两行数学之间的关系是极为明确的，第一行表示 2 的指数，第二行表示 2 的对应次幂。根据纳皮尔的方法，如果要想计算第二行中两个数的乘积，就要先相加第一行的对应数字，再返回去在第二行中查找结果。

例如，要计算 16×64 的值，只需先查询第一行的对应数字，即 4 和 6；然后把二者相加：4+6=10；最后在第二行中查询出 10 在第二行对应的数字是 1024，于是有：

$$16 \times 64 = 1024$$

纳皮尔的这种方法和现代数学的对数运算思想已经十分相近了。这种"化乘除为加减"，从而达到简化计算的思路，正是对数运算最重要的特征。直到现在，和纳皮尔这种方法类似的对数简化计算也还在使用。尤其是在计算两个复杂数的乘积时，借助《常用对数表》，可以先得到它们的常用对数，之后只要将两对数相加，然后返回去查《常用对数的反对数表》，得到的反对数值就是两个复杂数的乘积。

值得一提的是，1617 年纳皮尔在他出版的著作《筹学》中，介绍了一种用来简化计算的工具——纳皮尔筹。这种工具的材质最初用的可能是兽骨，所以又称"纳皮尔的骨头"或"纳皮尔棒"，类似中国的算盘。

纳皮尔棒是由一根根圆柱小棒组成的，每根小棒代表一个数 a，小棒从上到下记录着一串数字，分别是该数 a 与 1 到 9 这九个数字的乘积结果，这个结果由两个数字组成，分别是乘积的十位和个位，用斜杠线划分。如果把代表 1 到 9 的九根纳皮尔棒排列起来，其实也就是我们熟悉的乘法表。

对数这项发明迅速受到人们的追捧，影响传遍欧洲甚至远达中国。明朝末期，纳皮尔筹被介绍到中国。清朝初期，著名的天文学家和数学家梅文鼎根据中国人的计算习惯，对其进行了改良，变得更为实用，并且还传到了日本、韩国，产生了一定的影响，体现了中西文化的融合。至今，在故宫博物院里，还有纳皮尔筹的珍藏品。

17 世纪的一副纳皮尔筹

■ 用鸡断案的数学家

纳皮尔不仅在数学方面成就卓著，据说日常生活中也机智过人。关于他的机智，人们传说着一则"用鸡断案"的小故事。

有一年的初春，纳皮尔发现祖父送给他的珍贵怀表不见了！经过初步判断，他认为小偷就藏在城堡中服侍的仆人当中。

纳皮尔把所有仆人集合到一起，一一追问，可仆人们都低着头不吭声，事情一下子陷入僵局。正在一筹莫展之际，纳皮尔瞥到了院子里追逐玩耍的公鸡，顿时心生一计。隔天，纳皮尔又将仆人们召集起来，只见他怀里抱着一只毛色光亮的黑公鸡，郑重其事地对仆人们说："这是我从国外买来的一只神鸡，它能告诉我小偷是谁。"然后，他把鸡放入一个暗箱，让每个仆人都将手伸进去摸一下公鸡，并解释说一旦偷了怀表的人摸了公鸡，公鸡就会打鸣。

但是直到最后一位仆人摸完了公鸡，也没有听到神鸡的啼叫。大家满脸疑惑，纳皮尔却胸有成竹地让管家检查每个人的手掌，最后果然抓到了那个偷怀表的仆人。原来纳皮尔事先用烟灰涂在公鸡身上并封嘴，小偷因做贼心虚不敢去摸公鸡，所以那个手掌干净的仆人就是偷走怀表的贼。

■ 球面三角学的研究，有他的一份功劳

纳皮尔以其发现对数成为数学史上的重要人物。数学家拉普拉斯认

为"对数的发现，以其节省劳力而延长了天文学家的寿命"。恩格斯[①]在《自然辩证法》中认为："笛卡尔的坐标、牛顿[②]和莱布尼茨的微积分、纳皮尔的对数是 17 世纪的三个数学最伟大的发明。"更有学者认为，对数的发现使社会的现代化进程提前了至少二百年。

除此之外，纳皮尔在球面三角学的运算方面也取得了三项重要成果：

·解直角球面三角形时帮助记忆的方法，称为圆的部分的规则。

·得出用于解斜角球面三角形的四个三角公式(称作纳皮尔比拟)中的至少两个。

·发明用于机械地进行数的乘法运算、除法运算和求数的平方根的纳皮尔筹。

这些工作对于天文和航海活动有着非常重要的意义。

1964 年，苏格兰在首府爱丁堡市建立了一所公立综合性大学，为了纪念出生于爱丁堡的纳皮尔，校名称为 Edinburgh Napier University (一般译为爱丁堡龙比亚大学)。

---

① 弗里德里希·恩格斯 (Friedrich Engels，1820—1895)，德国哲学家、思想家、革命家，马克思主义创始人之一。著有《自然辩证法》《家庭、私有制和国家的起源》《反杜林论》等。

② 艾萨克·牛顿 (Isaac Newton，1643—1727)，英国皇家学会会长，英国著名的物理学家、数学家，百科全书式的"全才"，著有《自然哲学的数学原理》《光学》等。他的万有引力定律以及牛顿运动定律是经典力学的基石。

笛卡尔

René Descartes

姓　　名：勒内·笛卡尔（René Descartes）

出 生 地：法国安德尔-卢瓦尔省

生 卒 年：1596—1650

主要贡献：创立解析几何，理性主义哲学的先驱

主要著作：《方法论》《论世界》《几何学》《屈光学》

　　　　　《哲学原理》《形而上学的沉思》

勒内·笛卡尔是法国著名的哲学家、数学家、物理学家，是 17 世纪欧洲哲学界和科学界最有影响的巨匠之一，被誉为"近代科学的始祖"。他创立的解析几何在数学史上具有划时代的意义，恩格斯把它称为人类进入变量数学阶段的转折点；他的"我思故我在"理性主义哲学深深影响了之后的几代欧洲人，成为西方现代哲学的奠基石。

■ 命运多舛的童年

勒内·笛卡尔名字中的"勒内"，在法语中是"再生"的意思。要知道它的由来，得从他不幸的幼年说起。1596 年 3 月 31 日，笛卡尔出生于法国安德尔-卢瓦尔省的图赖讷。他出生不久，母亲患上了肺结核，小笛卡尔也患上了肺结核，经常咳嗽不止，身体非常虚弱。医生说估计这个孩子活不了几天，后来，医生预言的情况并没有出现，这个小生命奇迹般地活了下来，为此，他的父母给他起名勒内·笛卡尔，希望这个小生命顽强不屈。更为不幸的是，他还不到两岁的时候，他的母亲就因患肺结核就离开了人世。体弱多病的笛卡尔由保姆和外祖母抚养。由于他的父亲忙于法官事务，对笛卡尔也很少关心。后来他父亲又再婚，对笛卡尔管得更少，他和父亲的关系渐渐有些疏远。

由于笛卡尔的家境属于当时法国新贵族阶层，生活比较富裕，所以他从小就过着衣食无忧的生活。虽然他和父亲很少见面，但父亲一直给他提供着经济上的支持和帮助。他的家族为了能使笛卡尔受到良好的教育，1607 年初，将他送到远离家乡一百多公里的耶稣会[①]学校学习。

[①] 耶稣会，天主教主要修会之一。16 世纪创立于巴黎，旨在反对欧洲的宗教改革运动。明末清初来华传教的利玛窦、汤若望、南怀仁等均为耶稣会士。

学校在法国安茹（今法国西部卢瓦尔河下游）的拉弗莱什小镇上，许多贵族家庭都愿意把孩子送到这所学校来学习。笛卡尔远离家乡，只能寄宿在学校。由于他身体虚弱，经校长允许，他不用早起出早操，可以在床上读书，他喜欢安静、善于思考的习惯与那个时候的生活密不可分。在这所学校，他用了八年的时间完成了语言学、修辞学、逻辑学、物理学、数学等全部课程的学习。课余时间，他还学习了别的课程，最后以优异的成绩从这个学校毕业。

■ "你是将我从冷漠中唤醒的人"

1616 年，笛卡尔遵照父亲的意愿进入普瓦提埃大学学习法律，四年后获博士学位，并获得了从业资格。此时的他，虽博学多识，但对当律师和法官没有太多的兴趣。他回顾了自己的学习经历和收获，认为固有的知识太死板，并不是他所需要追求的全部。反思过后，他萌生了追求"新"知识和理想的动力，决定走出书斋，接触社会，拓宽眼界，研究一些"有用"的知识，去读"世界这本大书"。他说：在这个世界上，我要当一名观众，不做一名演员。于是，他开始去民间、宫廷，甚至到军队去。在游历中，他不断观察分析，执着地寻求着"世界这本大书"中的智慧。

1618 年，他规划好了自己出国游历的行程路线。他先到荷兰从军，当了一名侍从军官。他本想在军队中体验生活，汲取部队生活的经验，可是在当时的和平景象下，除了参加一些学习外，无所事事。一个偶然的机会，结束了他在军队中悠闲生活，并对他后来的发展产生了较大的影响。

1618 年 11 月 10 日，笛卡尔在街上散步的时候，他发现一群人在看一个广告，广告的内容是用荷兰语书写的，向读者和行人征求一道数学题的答案。他不懂荷兰语，就请求身边的一个人把广告上的内容给他翻译一下，这个人答应了他的请求，还说：我可以用拉丁文告诉你，但你必须做出解答。这个人就是数学家艾萨克·贝克曼[①]。在后来的书信交谈中，他们谈得很投机，在对知识的追求上他们想法一致。在随后的几个月里，他们讨论了大量共同感兴趣的话题，主要是关于数学和物理两方面的内容。

笛卡尔把贝克曼称作是自己的启发者、精神之父。他曾写信给贝克曼："你是将我从冷漠中唤醒的人……"与贝克曼偶然的相识、相知，使笛卡尔从军营生活中警醒过来，也更加坚定了他将数学和事实科学结合起来的想法。1621年笛卡尔退伍回国，后来的几年中，他先后变卖了父亲给他留下的资产，游历了欧洲各国。游历期间，他对科学的研究和反思没有间断，为他后来的科学研究奠定了坚实和基础。

■ 将代数和几何完美结合

在军营生活中，笛卡尔就一直思考着如何沟通代数和几何之间的联系，后来，他通过坐标架起了沟通代数和几何的桥梁，把几何问题通过坐标联系起来，创立了解析几何，使代数与几何实现了完美的统一，在数学发展史上具有划时代的意义。解析几何是数学发展史上的一次飞跃和重大变革。

关于创立解析几何，据说，笛卡尔的灵感是从他的"一夜三梦"得

---

① 艾萨克·贝克曼（Isaac Beeckmann，1588—1637年），荷兰物理学家、数学家。

到了启发。

一天晚上，笛卡尔一连做了三个梦。在第一个梦里，他梦到自己被狂暴的旋风卷向了空中，风的巨大力量使他不由自主地快速旋转，但他最终安然无恙。在第二个梦里，他被抓进了一个阴森森的房间里，房间里不时发出爆响声，他的周围火花四溅，但没有伤害到他，只是令他感觉十分恐怖。他的第三个梦是，当他环顾四周时，发现房间里有一张桌子，桌子上有一部名为《诗人集成》的诗歌选集和一部百科全书。在梦里，他大声朗读着罗马诗人奥索尼乌斯[①]的诗句："在我生命中我应当走什么样的道路？"

梦醒之后，笛卡尔曾对别人说，这些梦像一把打开自然宝库的钥匙，改变了他的生活方向。俗话说：日有所思，夜有所梦。笛卡尔的梦是他长期紧张思考的结果，这三个梦，激发了他后来创建解析几何的灵感。

受当时旧观念的束缚，解析几何的思想并没有很快被数学家们接受。他们反对把代数和几何混在一起，因而 1637 年笛卡尔的《几何学》出版后，没有引起普遍重视。直到英国的数学家沃利斯的著作《论圆锥曲线》出版后，才引起了数学家的普遍重视，解析几何思想得到了广泛的传播，沃利斯的著作是对笛卡尔坐标法的进一步完善。

■ 坐标系的创立

据说有一天，笛卡尔正躺在病床上思考问题，偶然间，他发现一只

---

① 德西穆斯·马格努斯·奥索尼乌斯（Decimus Magnus Ausonius，约 310—395），出生于布尔迪加拉（今法国波尔多）的古罗马诗人。

蜘蛛正忙着在屋顶墙角结网。蜘蛛来回走动织网，使笛卡尔深受启发。

他想：如果把这只悬在空中的蜘蛛看成一个移动的点，它在屋子里上、下、左、右运动，可以看成一个点的运动，它运动的位置完全可以用一组数确定下来。他的想法是：相邻的两个墙面和地面两两相交，形成了有公共顶点的三条交线，把这三条交线看成三根数轴，空间中的任意一个点的位置都分别对应三根轴上的三个数，即这三个有序的数可以确定空间任意一点的位置。他的这个想法正是坐标系的雏形。这样，数与形就形成了必然的联系，几何的问题自然就可以用代数的方法来研究了。

瑞那图斯·卡提修斯（Renatus Cartesius）是笛卡尔的拉丁文名字，在当时拉丁文是学者的语言。虽然笛卡尔的写作一般都用法语，但他仍按当时的习惯，在自己的著作上签上拉丁化名字。所以，由他首创的笛卡尔坐标系也被人们称为卡提修坐标系。

■ 为人类争取并保证理性权利

1628 年，笛卡尔移居荷兰，几乎隐居了二十多年。一生中，他的主要著作几乎都是在荷兰完成的，而与欧洲主要学者保持联系，他都是通过通信或者自己的同校学长、数学家梅森[1]神父进行的。

笛卡尔在数学上的贡献是非常突出的。他的专著《几何学》确定了他在数学史上的地位，同时，他还是欧洲最有影响力的哲学家之一。他

---

① 马林·梅森（Marin Mersenne, 1588—1648），17 世纪法国著名数学家、修道士。数学上的梅森素数便以他的名字命名。梅森以交往广泛著称，他与众多数学家、学者等定期交往形成的所谓"梅森学院"，成为法兰西科学院的前身。

曾发表了多部哲学著作，如《指导哲理之原则》《形而上学的沉思》《哲学原理》等。另外，笛卡尔对物理学、天文学等多个领域的研究也是很深入的。

1637 年，他用法文写成三篇论文《屈光学》《气象学》和《几何学》，并为此写了一篇序言《科学中正确运用理性和追求真理的方法论》，这篇序言在哲学史上简称《方法论》。

1649 年，他还发表了心理学著作《论心灵的感情》。

1649 年 9 月，笛卡尔勉强同意了瑞典宫廷对他的邀请，来到瑞典任宫廷哲学家，讲授哲学。但瑞典寒冷的冬夜对从小肺部不良的笛卡尔来说几乎是灾难性的，这个冬季还没有过去，1650 年 2 月，五十四岁的他便在斯德哥尔摩因病去世。

1819 年，其骨灰被移入巴黎的圣日耳曼德佩教堂[①]中。

笛卡尔在欧洲哲学史上占有重要地位。他把数学的推理方法和演绎方法应用于哲学上，反对经院哲学和神学，提出怀疑一切的"系统怀疑的方法"，认为清晰明白的概念就是真理，是"天赋观念"。认为科学的目的在于造福人类，使人成为自然界的主人和统治者。他的著名原则"我思故我在"便是其认识论哲学的起点，也确证了人类知识的合法性。

笛卡尔的数学与哲学思想在历史上产生了深远的影响，为了纪念他，人们在他的墓碑上刻下了这样一句话："笛卡尔，欧洲文艺复兴以来，第一个为人类争取并保证理性权利的人。"

---

① 圣日耳曼德佩教堂(Saint-Germain-des-Prés)，巴黎最古老的教堂之一，建于 6 世纪，为罗马式建筑。其所在的圣日耳曼德佩地区被誉为巴黎真正的中心。

费 马

Pierre de Fermat

姓　　名：皮埃尔·德·费马〔Pierre de Fermat〕

出 生 地：法国博蒙

生 卒 年：1601—1665

主要贡献：费马大定理，解析几何的基本原理，概率论的创始人之一

主要作品：《平面和立体轨迹引论》《求最大和最小的方法》

皮埃尔·德·费马是法国的一名律师，由于酷爱数学，他把大量的业余时间，都用于数学研究，在数论、解析几何、微积分、概率论等方面都做出了重大贡献，是"17世纪数学家中最多产的明星"，也是数学史上最伟大的"业余数学家"。

■ 不会搞数学的议员不是好律师

1601年8月，费马出生在法国南部的博蒙，母亲出身贵族，父亲在当地开了一家大皮革商店，由于经营有道，所以产业十分丰厚。父亲为人正直，待人友善，在当地颇受人们尊敬，甚至还获得了事务顾问的头衔。从小就生活在这样富裕舒适的环境中，费马的童年生活可以说是非常幸福快乐。

同时，在叔叔的悉心培养下，费马从小就受到了良好的启蒙教育，兴趣爱好非常广泛。14岁时，费马进入贵族学校读书。在17世纪的法国，律师是最受人们青睐的职业。天资聪颖的费马，先后在奥尔良大学①和图卢兹大学②学习法律，毕业后顺利成为一名律师。

大学毕业后，费马返回家乡，当上了图卢兹议会的议员，后来他先后任过议员、参议员、议会首席发言人、天主教联盟主席等职，为官升迁，一路平顺。在任职期间，他为人敦厚、公正廉明，赢得了人们的信任和称赞。

费马在繁忙的工作之余钻研数学，并经常与笛卡尔、梅森、惠更

---

① 奥尔良大学（Université d'Orléans），由教皇克雷芒五世（Clement V）于1306年创立。现为法国著名公立高等学府，莫里哀、夏尔·佩罗等都曾在此学习。

② 图卢兹大学，全称图卢兹-南部比利牛斯联合大学（Université fédérale de Toulouse-Midi-Pyrénées），1229年建立，是世界上历史最悠久的大学之一。

斯①等著名学者进行书信交往，讨论数学问题。他饱览群书，掌握多门自然科学的知识。但他在世时，发表的论著较少，多数成果保留在手稿、通信或者书页的空白处。

在费马的子女中，长子继承了他的公职，成为一名律师，并在父亲死后着手整理父亲的遗作。1679年，费马的遗作汇集成书出版后，他的研究成果才被人们知晓。

■ 困惑世人三百多年的"费马猜想"

费马猜想，又称费马大定理，是1637年费马在读过的丢番图《算术》一书的空白处写下的一个命题，他断言：

当整数$n > 2$时，关于x，y，z的方程$x^n+y^n=z^n$没有正整数解。

遗憾的是费马没有给出证明，只留下了一个戏剧性的附加评注：我已经找到了一个十分精妙的证法，但这里空白太小，写不下。

费马本人是否证明了这个定理，我们不得而知，但数学家们显然对这个"世界三大数学猜想"②之一的命题深感兴趣，甚至到了痴迷、狂热的程度。一批批、一代代的数学家和数学爱好者们试图证明它，但又以一次次的失败而告终。

---

① 克里斯蒂安·惠更斯（Christian Haygen，1629—1695），荷兰著名物理学家、天文学家和发明家，近代自然科学发展中一位重要的开拓者，也是伦敦皇家学会的第一位外国会员。他建立向心力定律，提出动量守恒原理，并改进了计时器，在力学、光学、天文学领域都有杰出的贡献。

② 世界三大数学猜想，即费马猜想、四色猜想和哥德巴赫猜想，又称世界三大数学难题。其中，四色猜想为英国人格斯里（Francis Guthrie）于1852年提出；哥德巴赫猜想为德国人哥德巴赫（Christian Goldbach）于1742年提出。

有人曾悬赏十万马克给在费马逝世后一百年内第一个证明该定理的人。丰厚的奖金吸引了无数人纷纷尝试，给出了各式各样的"证明"。但这一奖项，最终还是没人能领。

二百年过去了，这个问题的证明还是停留在对三次幂、四次幂、五次幂和七次幂这四种情形的证明上。关于一般性的证明仍然是一筹莫展。

第二次世界大战后，数学家借助于计算机，陆续对 500 以内、1000 以内、10000 以内的幂次进行了证明。到 20 世纪 80 年代，这个范围提高到了 25000 以内，然后是 400 万以内。但这样做永远不等于到达无穷，数学家最终寻求的是统一的、完整的严密证明。

直到 1995 年 5 月，英国的数学家安德鲁·怀尔斯[1]采用现代数学的方法，成功地证明了费马大定理，并发表在《数学年刊》上。整个定理的证明过程包括两篇文章，长达 130 页。费马大定理的证明过程堪称一部数学史，它不完全是怀尔斯的个人传奇，而是牵涉到从毕达哥拉斯以来的整个数学史。怀尔斯站在众多巨人的肩膀上，接力了这场长跑的最后一棒，解开了困扰世人长达三百五十八年的难题。

■ 解析几何基本原理的发现

解析几何的诞生是数学史上的一个伟大的里程碑。在数学史上，一般认为笛卡尔和与他同时代的费马都是解析几何的创建者。笛卡尔的解析几何思想及其著作，影响和推动了当时数学的发展，为人们所熟知。

---

[1] 安德鲁·怀尔斯（Andrew Wiles，1953 年出生），英国著名数学家、牛津大学教授。因证明费马猜想获得 1998 年菲尔兹奖和 2016 年的阿贝尔奖。

实际上，费马的解析几何思想的建立，比笛卡尔还早七年。从1629年开始，费马开始试图重现阿波罗尼奥斯的《论平面轨迹》的内容，他通过对阿波罗尼奥斯的著作和古希腊几何学的研究，认识到《论平面轨迹》中的所有轨迹都可以用含参数的不定代数方程表示，将它们总结和整理后，就可以使用代数方法对方程进行分析，并以此来获得轨迹的作法。他用代数方法对阿波罗尼奥斯关于轨迹的一些失传的证明作了补充，并成功将几何与代数结合起来。

1630年，他将自己的研究成果整理成一篇八页的拉丁文论文《平面与立体轨迹引论》，不过这篇论文直到1679年才正式问世。费马在这篇论文中指出："两个未知量决定的一个方程式，对应着一条轨迹，可以描绘出一条直线或曲线。"

这篇论文使得人们开始真正重视费马的工作，并奠定了费马成为与笛卡尔齐名的解析几何创立者的地位。不同于笛卡尔从一个轨迹来寻找对应方程，费马是从方程出发研究轨迹的。两人正好代表了解析几何基本原理两个相对的方面，前者是从代数到几何，后者是从几何到代数，各有侧重。现在看来，费马在解析几何领域的研究工作是极具开创性的。

■ "业余数学家之王"

费马一生未受过专门的数学教育，作为职业律师，他的数学研究完全是在业余时间进行的。数学家贝尔[1]曾称费马为"业余数学家之王"，

———————————

[1] 贝尔（Baire, René-Louis，1874—1932），法国数学家、法国科学院院士。著有《分析学概论》《无理数论》。

因为费马在数学上的成就是很多专业数学家都难以望其项背的。他涉猎广泛，成就卓著，无愧是"17 世纪法国最伟大的数学家"。

费马提出了切线、极值和定积分的计算方法，为后来牛顿和莱布尼茨发明微积分奠定了基础，是微积分发展史上重要的先驱者之一。

费马对概率的初步研究为概率空间的抽象奠定了基础。他和布莱士·帕斯卡在相互通信过程中逐步形成了数学期望①这一概率论中既基础而又至关重要的概念。

1621 年，费马在巴黎买到了丢番图的《算术》一书。对于这本书的内容，他十分感兴趣，便利用业余时间研究了书中涉及的不定方程。将不定方程的研究限制在整数范围内，开辟了数论这一领域。

---

① 数学期望(mathematic expectation)，试验中每次可能结果的概率乘以其结果的总和，是概率论和统计学中最基本的数学特征之一。

莱布尼茨

Gottfried Wilhelm Leibniz

姓　　名：戈特弗里德·威廉·莱布尼茨（Gottfried Wilhelm Leibniz）

出 生 地：德国莱比锡

生 卒 年：1646—1716

主要贡献：微积分，二进制，莱布尼茨公式

主要著作：《形而上学论》《人类理智新论》《单子论》

被誉为"17世纪的亚里士多德"的莱布尼茨，是一位在多个领域都有建树的通才，其丰硕的研究成果遍及数学、物理学、法学、语言学、哲学、历史等多个方面，涉及四十多个范畴。

在数学上，莱布尼茨的成就巨大，其中最突出的贡献是他和牛顿几乎在同时独立发明了微积分。他的研究成果还体现在高等数学的多个方面。他创立的一系列重要数学理论，为后来相关理论的研究和发展奠定了基础。

莱布尼茨是较早接触中国文化、哲学的西方学者，他能以一种不带偏见的文化心态看待东西方文化。

■ 涉猎百科的大智者

1646年7月出生于德国东部莱比锡一个书香门第的莱布尼茨，父亲是莱比锡大学[①]的教授，母亲是这个大学一位教授的女儿。受家庭的熏陶，莱布尼茨从小就在图书的世界里畅游。六岁那年，父亲去世了，丰富的藏书是父亲留给他最宝贵的财富，在母亲的引导下，他阅读了许多著名学者的著作，为他以后的学术研究打下了扎实的基础。

八岁时，莱布尼茨进入尼古拉学校，学习希腊文、拉丁文、算术、逻辑、音乐等。

1661年，十五岁的莱布尼茨进入莱比锡大学学习法律，同时，他还学习了其他一些人文方面的课程。

---

① 莱比锡大学（Universität Leipzig），1409年建立，欧洲最古老的大学之一，位于德国东部萨克森州。歌德、尼采、索绪尔、瓦格纳、蔡元培等众多知名人物都曾在此学习。

1663 年 5 月，莱布尼茨获得了学士学位。大学期间，他广泛阅读培根、开普勒、伽利略等人的著作，并深入思考，能够以更广阔的视角看待哲学和科学的发展。当他听了一位教授对欧几里得的《几何原本》的讲解后，开始对数学产生浓厚的兴趣。

1664 年，在莱布尼茨刚获得哲学硕士学位不久，母亲不幸去世。十八岁的他悲痛不已，在对母亲的追忆中，他深刻体会到在自己成长的每一阶段母亲的影响。

1667 年 2 月，莱布尼茨被授予法学博士学位，并被聘请为法学教授。同一年，他发表了一篇关于数理逻辑方面的论文——《论组合的艺术》，这篇文章虽然还有不成熟的地方，但许多地方闪耀着智慧的光芒，他非凡的数学才华得到普遍认可，大家公认他是数理逻辑的创始人。后来，经人推荐，他投身外交活动，登上了政治舞台。

1672 年，莱布尼茨因外交任务出使巴黎，当时的巴黎是欧洲的学术中心，在这里，他结识了包括惠更斯在内的许多科学家。在惠更斯等人的影响下，他对数学产生了更加浓厚的兴趣，于是他开始钻研高等数学，正式拉开了研究数学和自然科学的序幕。

莱布尼茨痴迷于对费马、笛卡尔、帕斯卡和巴罗①等人数学著作的研究，创立了微积分的基本概念和算法，他的研究成果当时虽然没有公开发表，但在数学史上，大家公认他和牛顿各自独立地创立了微积分，为微积分学的发展奠定了基础。

1673 年，他因外交事务前往伦敦。利用这个机会，他认识了许多英国学术界的名流，并与他们建立了联系。有一位在英国皇家学会任秘书的德国数学家奥登伯（H.Oldenburg），之前已与他通信联系长达三年时间，这次他终于见到了未曾谋面的“笔友”。同时，他还见到了化学

① 伊萨克·巴罗（Isaac Barrow，1630—1677），英国著名的数学家，英国皇家学会会员，剑桥大学三一学院院长。著有《光学讲义》《几何学讲义》等。

家波义耳、物理学家胡克等人。在与这些知名学者的交流后，他对数学和自然科学的兴趣更加浓厚了。这一年，莱布尼茨被推荐为英国皇家学会会员。

1676 年 10 月，他前往荷兰，见到生物学家列文虎克，对他后来的哲学思想产生重大影响。

1677 年 1 月，他抵达了汉诺威，并在那里永久地居住下来。他除了广泛从事科学研究和参加学术活动外，还从事一些文化活动和政治活动，他的社会地位不断提升，身名更加显赫。

1700 年，在他的热心筹划下，柏林科学院成立，他出任第一任院长。同年他被聘为法国科学院的院士。

1712 年左右，他以顾问的身份与欧洲各王室保持着密切的联系，得到了他们的青睐，不过此时，他已渐渐步入了晚年。

1716 年 11 月 14 日，这位千古绝伦的大智者，离开了人世，终年七十岁。

■ 微积分学的诞生

微积分的历史可以追溯到古希腊阿基米德时期，当时在计算面积和体积时，就已经用到了微积分的思想。17 世纪初，意大利数学家卡瓦列里采用了不可分量原理，英国数学家约翰·沃利斯利用"无穷小量"方法得到了一系列求面积、体积的重要结论，巴罗在研究切线斜率时，把微分和积分联系起来，得出了重要结论。但这些结论没有连贯性，没有形成系统的微积分知识结构。

17 世纪后半期，随着欧洲科学技术的快速发展和生产力的不断提高，社会各方面都迫切需要通过系统的微积分思想解决一些实际难题，经过科学家们不懈的努力和微积分思想的不断积累，完整的微积分理论终于应运而生。

早在 1666 年，莱布尼茨在《论组合的艺术》一书就讨论过数列问题并得到许多重要结论。此后他将数列研究的结果与微积分运算联系起来，发现"求切线不过是求差，求积不过是求和"。

从 1673 年到 1676 年，莱布尼茨在发表的论著中系统阐明了微积分的思想。依据他的笔记，1675 年 11 月 11 日莱布尼茨已完成一套完整的微分学。1684 年，他发表第一篇微分论文，定义了微分概念，采用了微分符号。1686 年他又发表了积分论文，讨论了微分与积分，使用了积分符号。

几乎在同一时期，牛顿于 1665 年创立了微积分，但当时没有公开发表。莱布尼茨与牛顿是谁先发明微积分的争论是数学界至今最大的公案。

牛顿和莱布尼茨逝世后很长一段时间，学者们经过认真的调查研究，逐渐取得一致意见：他们认为牛顿和莱布尼茨几乎同时发明了微积分。在创作时间上，牛顿略早于莱布尼茨，但在发表时间上，莱布尼茨略早于牛顿。所以发明微积分的荣誉应归属于牛顿和莱布尼茨两人。

事实上，他们的工作也是互相独立的。牛顿以物理学为基础，从运动学的视角出发，运用几何方法研究微积分，其造诣高于莱布尼茨。而莱布尼茨的推证，受帕斯卡三角形的启发，更多地用到了代数学的知识，引出微分概念，得出运算法则，其数学的严密性与系统性是牛顿所不及的。今天，人们熟知的微积分学教程基本上采用了莱布尼茨的表述方式和符号体系。

当然，两位数学家虽然推导方式不同，但他们都将积分和微分真正沟通起来，明确地找到了两者之间互逆的运算关系，创立了系统的微积分学，使得数学在自然科学和社会生活中得到了广泛应用，极大地推动了数学的发展，充分显示了数学对人类认识世界、改变世界的巨大促进作用。

■ 1 与 0，一切数字的神奇渊源

从古到今，数学运算很大程度上依靠了十进位制的伟大发明，如今，二进制是计算技术中广泛采用的一种数制，也是最简单、最基础的电子计算机计数运算的方式之一。

这项人类历史上的重要发明便记录在 1679 年 3 月 15 日莱布尼茨写的一份题目为"二进制算术"的拉丁文手稿里。莱布尼茨用数"0"表示空位，数"1"表示实位，他把所有的自然数用这两个数来表示，如 3 即可表示为 11，5 表示为 101。文中不仅给出了二进制的计数规则，还给出了二进制的加减乘除四则运算的规则。并与十进制做了比较，但这份手稿当时并没有公开发表。

值得一提的是，莱布尼茨还研制成了机械计算机，他改进了帕斯卡的加法器，以便用来计算乘法、除法和开方，而当时一般人都还不大会

莱布尼茨研制的机械计算机

乘法运算。不过莱布尼茨并没有把自己创立的二进位制用于计算机，但他的这个发明，为后来电子计算机的发展奠定了基础。他当时就曾断言："二进制乃是具有世界普遍性的、最完美的逻辑语言。"

今天在德国图林根州著名的郭塔王宫图书馆（Schlossbiliothke zu Gotha）内仍保存着一份莱布尼茨的手稿，标题是："1 与 0，一切数字的神奇渊源。"

■ 近代德国文化的开启者

除了在数学上非凡的贡献之外，多才多艺的莱布尼茨在哲学、知识论、法学、历史学、逻辑学等方面也都做出了卓越贡献。他一生的论著达三万多部，包括论文、笔记、摘录，还有相当多的带有他批注的样书。此外，他曾经与一千多人通信，保留着往来书信一万五千多封。

莱布尼茨对中国文化很感兴趣，尤其对中国的哲学思想更为关注。他是最早研究中国文化和中国哲学的德国人，据说，法国耶稣会传教士若阿基姆·布韦[1]曾向莱布尼茨介绍过中国的《周易》和八卦的系统，莱布尼茨的二进制受到了"阴"与"阳"等太极观念的启发。

莱布尼茨与笛卡尔、斯宾诺莎[2]被认为是 17 世纪三位最伟大的理

---

[1]　若阿基姆·布韦（Joachim Bouvet，1656—1730），中文名白晋或白进，字明远，法国耶稣会传教士，近代中西文化交流的著名人物。1684 年受法王路易十四选派出使中国。至今北京五塔寺石刻艺术博物馆里仍保留着镌刻拉丁文和中文的白晋墓碑。

[2]　巴鲁赫·德·斯宾诺莎（Baruch de Spinoza，1632—1677），荷兰著名哲学家，近代西方哲学的三大理性主义者之一。著有《笛卡尔哲学原理》《神学政治论》《伦理学》《知性改进论》《用几何学方法作论证的伦理学》等。

性主义哲学家。

在欧洲，德国文化的崛起和发展相对于英法等国家来说是比较晚的，是莱布尼茨开启了近代德国的科学和哲学，他所取得的伟大成就和难以估量的影响力给德国注入了后来居上的动能。

1962 年，在慕尼黑郊区建立的一所欧洲大型高性能超算中心，为纪念莱布尼茨，取名为莱布尼茨超算中心。

雅各布·伯努利

Jakob Bernoulli

姓　　名：雅各布·伯努利 (Jakob Bernoulli)

出 生 地：瑞士巴塞尔

生 卒 年：1654—1705

主要贡献：变分法，概率论，伯努利试验，大数定理

主要著作：《猜度术》

瑞士的数学家雅各布·伯努利，是人才辈出的伯努利家族（Bernoullifamily）的代表人物之一，他在数学上的贡献涉及多个领域，其中在概率论和变分法上的贡献最为突出。

雅各布·伯努利是公认的概率论的先驱之一，概率论中的伯努利试验与大数定理就是他提出来的。同时，他是最早使用"积分"这个术语的人，也是较早使用极坐标系的数学家之一。

■ 家族中因数学研究成名的第一人

17至18世纪的瑞士，有一个无比活跃的大家族，这个家族三代人中产生了八位科学家，后裔中更是有不少于一百二十位学有所成者，他们在数学、科学、工程乃至法律、管理、文字、艺术等方面取得巨大成就，为世人敬仰，这个声名显赫的家族就是伯努利家族。

若说起这个家族中的数学代表，当属雅各布·伯努利。

雅各布·伯努利于1654年出生于巴塞尔，殷实的家境使得他从小就受到良好的家庭教育，十七岁便获得了巴塞尔大学①艺术硕士学位。那时的艺术指的是"自由艺术"，即所谓"自由七艺"，涵盖文法、修辞、逻辑学、算术、几何学、天文学和音乐七大门类。

毕业之后，雅各布·伯努利遵从父亲的愿望，开始学习神学，并于二十二岁时获得神学硕士学位。但他对数学始终有着浓厚的兴趣，自学了笛卡尔的《几何学》、沃利斯的《无穷小算术》等经典著作，可以说，

---

① 巴塞尔大学（University of Basel），瑞士历史最悠久的大学，成立于1460年，是一所国际性的研究型公立大学。欧拉、尼采、荣格以及众多诺贝尔奖获得者均曾在此学习或工作。

他的数学几乎是无师自通的。

1677 年，也就是从二十三岁那年起，雅各布便开始撰写内容丰富的《沉思录》，而后的 1678 年至 1681 年，雅各布两次外出旅行学习，游览过法国、荷兰、英国和德国，结识了莱布尼茨、胡克、惠更斯等著名科学家。这一经历极大地丰富了他的知识，拓宽了他的兴趣。

1682 年他重返故乡巴塞尔，开始教授力学。1687 年，雅各布成为巴塞尔大学的数学教授。1701 年，他被柏林科学协会（后改名为柏林科学院）接纳为会员。由于他在数学领域开创性的研究，许多数学成果都与雅各布的名字发生联系。

雅各布是莱布尼茨的好朋友，两人经常互相通信，交流思想。雅各布受莱布尼茨的影响极深，他专门研究了莱布尼茨的学说，并且进一步发展了莱布尼茨的学说。

值得一提的是，在科学世家伯努利家族中，雅各布·伯努利是第一位以数学研究成名的人，而且还是弟弟约翰和侄子尼古拉的博士生导师，雅各布·伯努利成为让伯努利家族发展为数学大族的领路人。

■ 让微积分走向广阔领域

为发展和传播由牛顿和莱布尼茨发明的微积分学，雅各布·伯努利做了很多工作。在这一领域，他提出了一系列新概念以及微积分、微分方程等，"积分"一词就是他首先使用的。

1690 年，雅各布提出悬链线问题，得到惠更斯、莱布尼茨和弟弟约翰的解答，后来雅各布又改变问题的条件，解决了更复杂的悬链线问题。同时，他还把这方面的成果运用到了桥梁的设计当中。

1694 年，雅各布首次给出直角坐标和极坐标下的曲率半径公式，开辟了数学界系统地使用极坐标研究问题的方式。他还在一篇论文中讨论了双扭线的性质，"伯努利双扭线"由此得名。

雅各布还提出了著名的伯努利方程，这是在流体力学的连续介质理论方程建立之前，水力学所采用的基本原理。这一原理在流体力学及其他方面都得到了广泛的应用。

在最速降线问题的研究中，雅各布·伯努利的方法虽不是最佳选择，但他的解法最为一般化，体现了变分思想，为后来深入研究变分奠定了基础。

■ 神奇的对数螺线

对数螺线是自然界中最常见的一种螺线，比如向日葵的种子在花盘上排列出的曲线以及蕨类植物嫩叶蜷曲成的形状都是对数螺线。这种排列方式可以使每颗种子受到的由周围其他种子分泌生长素的抵制作用最少，受到的抑制作用最小，同时，也可以保证它们长大时的形状不变。

除了植物界，动物界也有不少对数螺线的例子。比如，由于鹦鹉螺在生长时内圈与外圈分泌石灰质的量总为一定值，它的螺壳曲线呈对数螺线分布。鹰嘴和鲨鱼的背鳍也呈对数螺线的形状。人们后来还研究发现，飞蛾扑火与老鹰盘旋也都是沿着对数螺线的轨迹移动。

对数螺线是 1638 年由笛卡尔提出的。从 1691 年开始，雅各布·伯努利对此进行了深入研究。在几何方面，他发现对数螺线经过各种变换后仍然是对数螺线；它的渐屈线和渐伸线是对数螺线；自极点至切线的垂足的轨迹，以极点为发光点经对数螺线反射后得到的反射线，以及与所有这些反射线相切的曲线（回光线）都是对数螺线。

对数螺线也是一种极具艺术美感的螺旋形几何曲线，被广泛应用于绘画、雕塑、建筑等艺术领域，其精准优雅的规律，让一代又一代的数学家为之痴迷。雅各布·伯努利对这种神奇的螺线，也是如痴如醉，他甚至在遗嘱中要求后人将对数螺线刻在自己的墓碑上，并赋词"纵然变化，依然故我"。

■ 偶然中包含着某种必然的大数定律

概率论作为一门学科，产生于 17 世纪中期，最初是为解决赌博问题而产生的，当时的帕斯卡、费马和惠更斯对其做了大量研究。但使概率论成为一个独立的数学分支，并为此做出重大贡献的是雅各布·伯努利，他的巨著《猜度术》（*Ars Conjectand*），是有关概率论的第一本专著。

我们知道，在重复投掷一枚硬币的随机试验时，观测投掷 n 次硬币出现正面的次数，不同的 n 次试验，出现正面的频率（出现正面次数与 n 之比）可能不同。但当试验的次数 n 越来越大时，出现正面的概率将大体上逐渐接近于 1/2，即正面和背面向上的次数接近一半。也就说，随机事件的大量重复出现，往往呈现几乎必然的规律，这个规律后人称之为"大数定律"。

大数定律是雅各布·伯努利于 1713 年首先提出的，它揭示了概率论中讨论随机变量序列的算术平均值向随机变量各数学期望的算术平均值收敛。它蕴含着偶然中包含的某种必然规律。伯努利成功地通过数学语言将现实生活中这种现象表达出来，赋予其确切的数学含义。

雅各布·伯努利对大数定律的深入研究，使人们对于这一类问题有了更新的理解和认识，为大数定律的发展奠定了基础。因此，伯努利被称为概率论的奠基人。

其实，除了雅各布之外，还有许许多多的数学家为大数定律的发展做出了重要的贡献，有的甚至花费了毕生的心血，像德莫佛[①]、拉普拉斯、林德伯格[②]、费勒[③]等。这些人对于大数定律乃至概率论的进步所起的作用也都是不可估量的。

由于大数定律的极端重要性，1913 年 12 月，俄罗斯圣彼得堡科学院曾举行庆祝大会，纪念大数定律诞生二百周年。

雅各布·伯努利在数学上的贡献除微积分、微分方程、变分法、概率论之外，还涉及无穷级数求和、解析几何等方面，是一位有丰富成果的科学家。

1994 年，第 22 届国际数学家大会在瑞士苏黎世召开，瑞士邮政发行的纪念邮票的图案便是雅各布·伯努利的头像和以他命名的大数定律及大数定律的几何示意图，反映出雅各布·伯努利在概率论和数理统计方面的贡献。

---

① 德莫佛 (Abraham de Moivre, 1667—1754)，法国数学家，解析几何和概率理论的先驱之一。他对数学最著名的贡献是德莫佛公式、德莫佛-拉普拉斯中心极限定理以及概率理论著作《机遇论》(*The Doctrine of Chances*)。

② 贾尔·瓦尔德马·林德伯格 (Jarl Waldemar Lindeberg，1876—1932)，芬兰数学家，在中心极限定理方面进行了深入研究。

③ 费勒 (William Feller, 1906—1970)，美国数学家，出生于南斯拉夫。在随机变量序列的极限理论方面做出了重要贡献。

约翰·伯努利

Johann Bernoulli

姓　　名：约翰·伯努利 (Johann Bernoulli)

出 生 地：瑞士巴塞尔

生 卒 年：1667—1748

主要贡献：微积分的发展

主要著作：《积分学教程》

在显赫的瑞士伯努利家族中，约翰·伯努利在数学上的贡献和他哥哥雅各布·伯努利相比，不分伯仲，他对微积分和与其相关的许多数学分支都做出了重要贡献，科学界对他长期从事教学活动和对数学的贡献，给予了高度评价，他被公认为 18 世纪分析学的重要奠基者之一。世界上第一本关于微积分的教科书就是他编写的，经典力学中著名的最速降线问题，最初也是他提出的。

■ 跟着哥哥一起研习数学

伯努利家族祖上有过著名的医生、香料商人和艺术家，家境优渥，有条件给孩子提供优质的教育。到了老尼古拉·伯努利这一代，他希望自己的大儿子雅各布去做律师，小儿子约翰跟着自己经商，以接手家族产业。于是约翰十五岁时就被父亲安排进入家族商行做学徒。但是令老尼古拉意想不到的是，大儿子雅各布没有遵从他的安排，而是开始研究数学。与此同时，小儿子约翰在哥哥的指导下接触了数学，并在共同完成了一系列研究后对数学也产生了浓厚的兴趣。

由于长子雅各布背离了自己的意愿，老尼古拉把光耀门楣的全部责任压在约翰肩上。约翰看上去聪明、外向，是父母眼中经商的好苗子。

老尼古拉不遗余力地向他灌输道德与宗教——在新教①伦理中，努力挣钱即道德。但约翰在做学徒时就感觉自己厌恶商业，早就决定违背

_____

① 新教（Protestantism），亦称基督新教，是 16 世纪欧洲宗教改革后脱离罗马公教而产生的各教派的统称，与天主教、东正教并称为基督教三大流派。新教反对以教皇为首的教皇天主教制度，认为圣经是唯一最高的权威，重视信徒与上帝之间的直接联系。

父亲的规划。

1683 年，约翰以攻读医科做幌子，说服父亲让他去巴塞尔大学学习。此时，哥哥雅各布正好旅行学习归来在巴塞尔大学教书，于是两个人开始秘密学习数学和研究数学。

出于对无穷小量数学的浓厚兴趣，他们一开始就钻研数学家莱布尼茨晦涩难懂的微积分论述，并立即意识到微积分的重要性，两人做了很多工作完善莱布尼茨的理论。在后来牛顿和莱布尼茨争夺微积分发明权的时候，两人加入莱布尼茨的阵营，极大地壮大了莱布尼茨阵营的力量。

在整个大学学习期间，约翰比哥哥雅各布更善于搭建人际关系。短短几年，他就和莱布尼茨、尼古拉斯·马勒伯朗士[①]等人成了朋友；结识了洛必达[②]侯爵，并在此后的数十年中担任洛必达的数学老师。在巴塞尔大学，他最终向父亲显示了自己远超医学之外的、真正的兴趣和野心：他把微积分应用于肌肉收缩的研究，因此获得医学博士学位。

约翰在微积分领域的另一项重要工作是编写了世界上第一部关于微积分的教科书。只可惜这本成书于 1691—1692 年间的教材，直到约翰 75 岁时才出版了积分学部分，而微分学部分更是到了约翰去世近二百年后的 1924 年才出版。

相对于五十一岁就逝世的哥哥雅各布，活到了八十一岁的约翰在数学上做出了更多的成就。其大量论文涉及的问题包括解决悬链线问题、

---

① 尼古拉斯·马勒伯朗士（Nicolas de Malebranche，1638—1715），法国神学家和哲学家，法兰西科学院院士，笛卡尔学派的代表人物。著有《真理的探索》《论自然和恩赐》《论道德》《关于宗教和形而上学的探讨》等。

② 纪尧姆·弗朗索瓦·安托万·洛必达（Guillaume François Antoine, Marquis de l'Hôpital，1661—1704），法国数学家，数学思想的传播者。著有《无穷小分析》《阐明曲线的无穷小分析》《圆锥曲线分析论》等。

曲线求长、曲面求积、最速降线和积分的变量替换法等，并首次研究出指数的运算法则。

■ 洛必达法则背后的纠葛

洛必达是法国中世纪的王公贵族，酷爱数学，经马勒伯朗士介绍结识了约翰，并拜其为师。学习微积分的人都会接触到的一个非常有用的定理——洛必达法则，就是用他的名字命名的。但事实上，洛必达法则并不是洛必达本人的研究成果，而是约翰的发现。

洛必达虽然喜欢数学，但他自己并不是一流的数学家，研究不出有分量的数学成果。而约翰当时境遇困顿，于是学生洛必达表示愿意用财物换取伯努利的学术论文，约翰欣然接受。

1696 年，洛必达编写了一本微积分教材《无穷小分析》，里面的内容大多来自约翰当初为他讲解的数学新成果、新进展，并第一次引入了约翰的新发现———一个分子和分母都趋于零（或无穷大）时的分式，可以通过分别为分子和分母求导来获得它的极限。由于这是第一本公开出版的微分学教科书，所以它一经出版，迅速大火，洛必达法则很快就被大量反复引用。此时的约翰觉得自己没有从中得到应有的荣誉，于是四处宣称洛必达法则是自己的研究成果。

其实，诚实的洛必达在书的前言中郑重向莱布尼茨和伯努利家族致谢，表示书中的大部分成果来自约翰·伯努利，也从来没声称洛必达法则是自己研究出来的。

后来，欧洲的数学家认为洛必达的行为并无不妥，是正常的物物交换，所以"洛必达法则"这个名字便沿用了下来。但不管怎样，他们对数学知识的传播，给人类留下了宝贵的财富。

■ 悬链线是抛物线吗？

悬链线指的是一种特殊的曲线，它描述的是一条两端固定粗细与质量分布均匀、柔软不可伸长的链条，在重力的作用下自然下垂形成的曲线形状，比较典型的实例有悬索桥等。

悬链线问题是 17 世纪的一个著名问题，表面上看，悬链线很像抛物线。然而荷兰物理学家惠更斯用物理方法证明了这条曲线不是抛物线，可这个曲线到底是什么，他一时也求不出来。直到几十年后的 1690 年 5 月，雅各布·伯努利再次提出这个问题，并尝试用微积分解决这一问题。可是雅各布苦思冥想了一年，也没得到丝毫进展。自命不凡的约翰见状，觉得这是一个证明自己比哥哥强的好机会，也开始思考这一问题。

谁也没想到，苦苦思索一整晚之后，就被他列出了解决这一问题的微分方程。1691 年 6 月，约翰将自己的研究成果发表在《教师学报》上，一时名声大噪。

约翰与雅各布两兄弟相互竞争相互启发，在 1691—1692 年间，讨论了多种状态下的悬链线问题，解决了悬挂着的变密度非弹性软绳、等厚度的弹性绳以及每一点上都受一个指向固定中心作用力的细绳所形成形状的问题。

约翰擅长微积分，又受悬链线的启发，之后的很长一段时间都在研究微分方程的相关问题。事实上，微分方程这门学科就是伴随着微积分学的发展和应用而诞生的，二者密切关联，彼此交织在一起。

约翰和莱布尼茨在 1694 年引进了找与已知曲线族相交成给定角的曲线或曲线族的问题，并以此向哥哥挑战。这个等交曲线被约翰称为轨线，并在解决这个问题的过程中，导出了一个特殊曲线族的正交轨线的微分方程。后来约翰给出了积分变量替换法、研究了弦振动问题，使得微分方程的发展不断向前推进，自己也成为能与惠更斯、莱布尼茨、牛顿等著名数学家齐名的微积分和微分方程的奠基人。

■ 最速降线问题

最速降线问题是由意大利科学家伽利略在 1630 年提出的："一个质点在重力作用下，从一个给定点到不在它垂直下方的另一点，如果不计摩擦力，沿着什么曲线滑下用时最短。"

当时伽利略认为这个曲线是圆，但后来的研究证明他的结论是错的。这个问题分析起来并不像听起来那么简单。如果选择的路径是直线，那么由于坡度较小，小球加速起来就会比较慢；而如果把坡度增大，加速度大了，但路径也会变长，所花的时间也会增加。所以这个问题的核心在于需要在坡度和长度之间找一个平衡。

后来，帕斯卡和惠更斯也研究过这一重要的曲线（摆线），只因当时是在研究钟表摆锤的问题中提出的，所以连他们自己也没想到这还是一条最速降线。

1696 年，约翰·伯努利又将这一问题提了出来，并向其他数学家公开提出挑战。截止到 1697 年的复活节，伯努利共收到了四份答案，它们分别来自牛顿、莱布尼茨、洛必达和哥哥雅各布。他们的答案都是旋轮线（摆线）。

虽然四个人的解法各有千秋，但是这几种解法都没有约翰自己的解法精妙。约翰类比了费马的最小时间原理，巧妙地将这一机械问题转化成光学问题，利用光的折射推导出了该问题的微分方程。

解决了最速降线问题，约翰又研究了等周问题及测地线问题。这些研究对后来变分法的发展起到了基础性作用，约翰因此也被称为变分法的先驱者。

在数学的其他领域如解析几何，约翰也有一些重要贡献。1715年，约翰在给莱布尼茨的信中，就已经运用现在常用的空间直角坐标系描述曲面的方法。

约翰不仅在纯数学方面颇有建树，还把微积分的方法应用到物理学，最突出的就是他在力学和天体力学方面的研究。他准确解释了力学上的一些概念，在实验物理方面研究了光学现象并提出了焦散面理论。

约翰·伯努利是17世纪至18世纪欧洲最有影响力的数学家之一。他在整个科学生涯中，留下了大量与其他科学家的来往信件，他总是乐于采用通信的方式与他们交流学术成果，对有趣和新颖的问题互相讨论和辩论。这既与他的性格有着很大的关系，也是他学术活动的一大特点。根据统计他先后与一百多位学者有过通信，留存下来的信件多达两千五百多封。这些信件已经成为了解当时学术研究状况的重要资料。

不仅如此，约翰还致力于数学教学，培养了一批杰出数学家，其中最著名的就是18世纪伟大的数学家欧拉。

欧 拉

Leonhard Euler

姓　　名：莱昂哈德·欧拉（Leonhard Euler）

出 生 地：瑞士巴塞尔

生 卒 年：1707—1783

主要贡献：分析学

主要著作：《无穷小分析引论》《微分学原理》《积分学原理》

欧拉是 18 世纪著名的数学家,是当时数学界的中心人物。他在数论、几何学、天文数学、分析学等多个数学分支领域都取得了出色的成就,其中,分析学的研究成果最为突出。欧拉的一生,是对数学执着追求的一生,他把自己的一生都献给了人类的数学事业,为后人留下了宝贵的财富。

■ 巴塞尔大学最小的学生

1707 年 4 月 15 日,欧拉生于瑞士巴塞尔,是家里的长子。他能走上研究数学的道路,得感谢作为牧师且喜欢数学的父亲。在欧拉小的时候,父亲就把许多数学知识和有关数学的小故事讲给欧拉听。受家庭文化的影响,欧拉从小对数学就产生了浓厚的兴趣。

十三岁那年,欧拉中学毕业后,进入巴塞尔大学开始学习哲学和法律,成为全校年龄最小的学生。他仅通过三年的学习,就拿到了哲学系的硕士学位。对于将来的职业规划,欧拉的父亲希望他子承父业,当个牧师,数学作为业余爱好即可。虽然他很喜欢数学,但他还是按照父亲的意愿进入神学系继续学习。

由于欧拉的父亲曾是巴塞尔大学学生,与巴塞尔大学著名的数学家雅各布·伯努利和约翰·伯努利兄弟的私交很好,欧拉有机会上了几节约翰·伯努利的数学课,约翰发现欧拉有异于常人的数学天赋,为了更好地培养欧拉,两人约定,约翰每周单独给欧拉授课一次。

有一次,约翰问欧拉,你数学这么好,为什么不专门攻读数学呢?欧拉说学习哲学和法律是父亲的意愿。于是,约翰就劝说欧拉的父亲,希望他遵从孩子的兴趣。欧拉的父亲想起了自己儿时的梦想,再加上约翰的哥哥雅各布是自己当年崇拜的偶像,最终他听取了约翰的劝说,同意欧拉走上数学研究的道路。

1726 年，十九岁的欧拉拿到了博士学位，以优异的成绩从该校毕业。

■ "他是我们所有人的老师"

俄国彼得大帝①特别重视吸引科研人才到俄国工作，约翰·伯努利的两个儿子——尼古拉斯·伯努利和丹尼尔·伯努利，前后受邀来到俄国圣彼得堡科学院。

后来，尼古拉斯不幸病逝，在丹尼尔的推荐下，1727 年欧拉受邀到圣彼得堡科学院，被安排到数学物理组进行研究工作。通过学术交流，欧拉与丹尼尔建立了深厚的友谊。1732 年，丹尼尔回到了巴塞尔，欧拉接任了圣彼得堡科学院数学所的所长职务。

在俄国的十四年间，欧拉为俄国的数学和物理做出了很多贡献。不幸的是，1735 年，他在给俄国绘制全境地图时，由于劳累和过于专注，导致他的视力急剧下降，而且这一年，他又经历了一次高烧，高烧之后，他的右眼就看不见了。欧拉的右眼失明，这一年他二十八岁。

1741 年，欧拉受邀来到柏林科学院，此时，三十四岁的他在国际上已经小有名气了。在柏林科学院这个学术氛围浓厚的环境里，欧拉遇到了很多优秀的数学家，如：达朗贝尔②、拉格朗日等，在日常交流

---

① 彼得一世 (Peter I，1672—1725)，俄罗斯帝国首位皇帝，后世尊称彼得大帝，也是俄罗斯历史上仅有的两位"大帝"之一。其统治时期，俄罗斯在政治、经济、文化、教育、科技等各方面都获得了长足发展。

② 让·勒朗·达朗贝尔 (Jean le Rond d'Alembert，1717—1783)，法国物理学家、数学家、天文学家，著名百科全书派的代表性人物。著有《数学手册》《动力学》及《百科全书》序言等。

的过程中，欧拉与他们建立了良好的关系。在德国柏林生活的二十五年内，虽然他的视力不断恶化，但这并没有影响他的研究和创作，他的许多论文和著作都是在这一时期完成的。欧拉家孩子多，他也特别喜欢孩子，据说他写论文时，常常左手抱着孩子，右手写论文，两不耽误。仅在 1775 年一年内，他几乎每周平均完成一篇论文。

1766 年，欧拉又一次受邀来到了俄国，在圣彼得堡度过了他的晚年生活。在此期间，欧拉因白内障左眼也失明了。双目失明后，他的大部分论文都是通过自己口述，由他的大儿子代写完成的。

虽然欧拉饱受病痛的折磨，但他凭借超常的记忆力和心算能力，学术研究并未受到很大影响。在与黑暗的搏斗中，欧拉超强的毅力和坚忍不拔的精神令他的学生深受感动。拉普拉斯曾说：学习欧拉吧，他是我们所有人的老师。

欧拉去世后，曾有人这样说："欧拉停止了计算和生命。"

■ 欧拉让微积分"长大成人"

从牛顿和莱布尼茨发表了微积分论文后，"原生态"微积分问世了，此后，欧拉、达朗贝尔、傅里叶[①]等数学家又极大地推进了微积分的深入发展，使得数学特别是分析学逐渐走向成熟和完善。在柏林期间，欧拉关于微分方程、曲面微分几何以及其他数学领域的研究都是开创性的。

---

① 让·巴普蒂斯·约瑟夫·傅里叶（Baron Jean Baptiste Joseph Fourier, 1768—1830），法国著名数学家、物理学家，对 19 世纪数学和物理学的发展做出贡献。积分变换中的"傅里叶变换"即由他首先提出。著有《热的解析理论》等。

1748 年，他总结了自己丰富的数学研究成果，出版了著作《无穷小分析引论》，对后来数学家的研究产生了巨大影响。这本著作的内容涉及当时数学的多个领域和分支，如分析学、几何学、代数学、微分方程、变分学、数论等，书中体现了他充满启发性的研究技巧，在数学史上具有划时代意义。

1755 年，欧拉出版了另一部关于微积分的著作——《微积分概论》，进一步推动了微积分的发展。

在分析学出现之前，数学只有代数和几何，欧拉及其他一些数学家对分析学的发展和研究，使数学在当时形成了代数、几何、分析三足鼎立的局面。他们的工作，使工业生产中的机械运动与变化得到了精确计算和广泛应用，推动了 18 世纪的工业革命。欧拉对分析基础性的研究工作和研究成果得到了普遍的认可和赞誉，人们称他为"分析的化身"。

约翰·伯努利曾这样对欧拉说，"我介绍高等分析的时候，它还是个孩子，而你正在将它带大成人。"

除研究数学之外，欧拉对行星运动、刚体运动、热力学、弹道学、人口学等还进行了广泛的研究，他的研究成果扩展到了多个方面。

■ 全才且多产的数学家

我国著名的数学史专家李文林[1]说："因为数学好，欧拉得以解决很多其他领域的问题。物理、力学、天文学、航海、大地测量等到处都有

---

[1] 李文林，1942 年出生，江苏常州人，数学史学家。曾任中国科学院数学研究所副所长、中国科学院数学与系统科学研究院研究员、西北大学教授。著有《数学史概论》等。

欧拉的贡献，他是典型的全才数学家。"

除了分析方面的贡献，欧拉在数论、几何学、图论、拓扑学等领域也有突出贡献，如：他证明了费马大定理 $n=3$ 的情况，成为费马大定理研究的第一个突破者；他解决了"柯尼斯堡①七桥问题"，为后来的数学新分支图论和拓扑学的建立奠定了基础。至今，我们几乎在数学的每个方面见到欧拉的存在：欧拉线、欧拉定理、欧拉变换公式、欧拉函数、欧拉方程、欧拉常数、欧拉公式，等等，这些"闪耀的命名"足以反映出欧拉在数学发展史上举足轻重的地位。

欧拉是历史上最多产的数学家。他一生发表的论文超过八百五十篇，书稿三十多本，这还不算因 1771 年家里失火烧掉的那一部分。欧拉曾说，他的遗稿大概够圣彼得堡科学院用二十年。实际上，在他去世后的第八十年，圣彼得堡科学院院报还在发表他的论著。

在很多人的努力下，圣彼得堡科学院曾花了四十七年的时间整理出版了《欧拉全集》，全书共八十四卷，平均每本厚达五百页。

天才在于勤奋，欧拉就是这条真理的化身。正如李文林指出的："很多科学家都很勤奋，而欧拉最为典型。"

---

① 柯尼斯堡（Konigsberg），原为东普鲁士的一座城市，现为俄罗斯加里宁格勒。

拉格朗日

Joseph-Louis Lagrange

姓　　名：约瑟夫·拉格朗日（Joseph-Louis Lagrange）

出 生 地：意大利都灵

生 卒 年：1736—1813

主要贡献：拉格朗日中值定理

主要著作：《分析力学》《论任意阶数值方程的解法》《解析函数论》等

拉格朗日是 18 世纪法国的著名科学家，在数学、力学和天文学三个学科中都有历史性的重大贡献，尤其在数学上的贡献最为突出。他总结了 18 世纪的数学成果，使数学分析与几何学、力学脱离开来，数学的独立性更为明确，为 19 世纪的数学研究开辟了道路。

■ 最高勋章获得者的精彩人生

1736 年 1 月 25 日，拉格朗日出生于都灵①。祖父是法国的炮兵队长，受聘到都灵为撒丁王国服务，并与当地一位名门闺秀结婚。父亲曾做过撒丁陆军部的军官，后从事经商活动。拉格朗日小的时候，家里曾一度非常富裕。然而好景不长，父亲后来投机失败，宣告破产，从此家道中落。不过拉格朗日并没有因此感到失落，传说他曾乐观地说："幸好我家破产了，不然我将成为除了钱一无所有的人，那样的人生太可悲了！"

拉格朗日是家中的长子。父亲一心想把他培养成为一名律师，但他却对法律毫无兴趣。起初，他并没有表现出对数学特别的喜爱，反而是对文学非常感兴趣。

少年时期的拉格朗日在数学家雷维里（F. A. Revelli）的教导下，按部就班地学习了数学知识，逐渐喜爱上了几何学。故事的转折发正在 17 岁时，当时的他读到一篇题目是《论分析方法的优点》的短文，文中主要介绍了牛顿在微积分领域的成就。拉格朗日一时间仿佛被打开了新世界的大门，疯狂地迷上了数学分析，扬言"分析才是自己最热爱的

_____

① 都灵（Turin），位于意大利北部，现为意大利皮埃蒙特大区首府，当时被法国占领。

学科"。

这时，正是数学分析迅速发展的时期，拉格朗日专心研究，十八岁就成功用牛顿二项式定理处理了两个函数乘积的高阶微商。他先是将自己的成果用意大利语写成论文，后来又翻译成拉丁语寄给在柏林科学院任职的欧拉。遗憾的是，拉格朗日这篇论文阐述的内容早在半个世纪前就被数学家莱布尼茨研究出来了。但年轻的拉格朗日并没有灰心，自己的研究能够与大师的成果不谋而合，更加让他相信自己有能力在数学分析领域大有作为。

一年后，他通过研究，发展了欧拉所开创的变分法，并得到了欧拉本人的认可和称赞。拉格朗日一时声名大振。很快，就被任命为都灵皇家炮兵学校的教授，这时的他，才刚刚 19 岁。年纪轻轻的拉格朗日很快跻身一流数学家的行列。

1756 年因欧拉的举荐，拉格朗日被任命为普鲁士科学院的通讯院士。1757 年，拉格朗日和一批青年科学家在他的老家都灵创立了科学协会，并创办了学术刊物《都灵科学论丛》，刊载拉丁语和法语论文。

1766 年，因达朗贝尔的举荐，腓特烈二世[①]邀请拉格朗日出任普鲁士科学院数学部主任。在寄给拉格朗日的邀请信中，当时普鲁士国王表示：在自己"欧洲最伟大的王"的宫廷中应有像拉格朗日这样"欧洲最伟大的数学家"。受到赏识的拉格朗日在柏林开始了他的研究生涯，直到 1786 年腓特烈大帝去世，拉格朗日才离开了柏林。

在柏林的二十年是拉格朗日科学生涯的鼎盛时期，其大量重大学术成果都是在这里研究并发表的。1788 年他完成了《分析力学》一书，书中大量应用分析方法和变分原理构建了独立于牛顿力学和谐而完整的

---

① 腓特烈二世（Friedrich II，1712—1786），又译作弗里德里希二世。普鲁士国王，欧洲开明专制和启蒙运动的代表人物之一。

新的力学体系，成为继牛顿之后的经典力学又一巨作。但是他在书的扉页上却谦虚地写道：我不过是做了一项普通工作，将力学变成分析学的一个分支。

1783 年，拉格朗日的故乡建立都灵科学院，远在柏林的他被推举为名誉院长。1786 年离开柏林后，他受巴黎科学院邀请，定居巴黎。1790 年，他被任命为法国科学院度量衡委员会的委员，为法国统一度量衡做出了巨大的努力。

1791 年，拉格朗日先后在巴黎高等师范学院和巴黎综合工科学校任数学教授，同年，被选为英国皇家学会会员；1795 年，法国最高学术机构——法兰西研究院建成，拉格朗日被选为科学院数理委员会主席。之后，他专心整理自己过去的工作，结合教材编写完成了一批重要著作。

1813 年 4 月 3 日，拿破仑授予他帝国大十字勋章，然而就在几天后的 4 月 11 日，拉格朗日逝世，他辉煌的人生也由此画上了句号。

■ 拉格朗日中值定理

拉格朗日中值定理又称拉氏定理，是微分中值定理中最为主要的定理。它的内容是：

如果函数 $f(x)$ 在 (a,b) 上可导，在 $[a,b]$ 上连续，则必有一点 $\xi \in (a,b)$ 使得

$$f'(\xi) \cdot (b-a)=f(b)-f(a)$$

这个定理反映了可导函数在闭区间上的整体的平均变化率与区间内某点的局部变化率的关系。

该定理的发展有着悠久的历史。在古希腊时期，有数学家曾提到过

相关的问题，后来，意大利的数学家曾涉及几何形式的微分中值定理，这一理论正是拉格朗日中值定理在几何学中的表达形式。拉格朗日是在《解析函数论》一书最先提出这一定理的，并对该定理进行了初步的证明。到了 19 世纪初，柯西[①]给出了严格的证明，随后科学家们不断地丰富和发展了该定理。

拉格朗日中值定理是微分学基本定理之一，是微分中值定理的核心，它在微分学理论和研究上起着承上启下的纽带作用，其他的中值定理是拉格朗日中值定理的特殊情况和推广。拉格朗日中值定理在证明等式、不等式、恒等式、方程根的存在性，有关中值问题的结论，求极限，研究导数和函数的性质及运动学等领域都有着广泛的应用，这些应用对于数学研究的发展有着重要的作用。

■ "一座高耸在数学界的金字塔"

从牛顿和莱布尼茨争辩微积分发明权开始，欧洲数学界就分裂成两派。英国拘泥于发展牛顿在《自然哲学中的数学原理》中的几何方法，数学研究此后很长一段时间内进展缓慢；而欧洲大陆数学研究则依据莱布尼茨的数学分析方法，进展很快。拉格朗日与欧拉是最大的开拓者，在 18 世纪创立的主要分支中都有所建树，甚至可以说，18 世纪的主要数学分支都是拉格朗日用自己的智慧和非凡的创造力开拓出来的，而且他的研究还为 19 世纪数学研究开辟了道路。

---

① 奥古斯丁·路易斯·柯西（Augustin Louis Cauchy，1789—1857），法国数学家、物理学家、天文学家，数理弹性理论的奠基人之一。在数学分析、积分几何和代数领域有诸多开创性成果。著有《代数分析教程》《无穷小分析教程概要》《微积分在几何中应用教程》等。

拉格朗日对于数学的一个突出贡献是将数学分析与几何和力学分离，使得数学成为一个更加独立的学科，而不再是其他学科的工具。

变分法是拉格朗日最早研究的领域。他继承了欧拉的研究思路，不同的是，他从纯分析方法出发，得出了比欧拉更加完善的结果，真正建立起了变分法这个分支。其代表作是 1760 年发表的《关于确定不定积分式的极大极小值的一种新方法》，在这篇文章中，他首次将变分法正式命名，其成果也得到了欧拉的肯定。

拉格朗日无论早期在都灵还是后来在柏林时都在微分方程方面做出了重大成果。在都灵时，他对变系数常微分方程进行研究，提出了后来的伴随方程，并把欧拉关于常系数齐次方程的结果推广至变系数情况。到了柏林，他对常微分方程的奇解和特解做出了历史性贡献。他后来还将常微分方程组应用于天体力学的研究中，并建立了一套偏微分方程理论。

在柏林工作的前十年，拉格朗日花了大量时间研究代数方程和超越方程的解法，他在此过程中做出了非常有价值的工作，推动了代数学的整体发展。在此领域，他最有代表性的成果就是提交给柏林科学院的《关于解数值方程》和《关于方程的代数解法的研究》两篇论文。

除此之外，拉格朗日还研究了数论，把前人解三次、四次代数方程的各种解法，总结为一套标准方法。研究函数和无穷级数，提出了著名的拉格朗日中值定理；提出直到现在计算机数值计算领域还在广泛应用的拉格朗日内插公式。

追溯近百余年的数学成就，我们不难发现，其中的大部分都能直接或间接地联系到拉格朗日的工作。他使分析数学拓展了更多的发展空间，开创和推动了多个分支。在数学史上，拉格朗日是对分析数学产生全面影响的一位数学家。

■ 涉猎广泛，贡献突出

在物理学领域，拉格朗日是分析力学的创立者。1788年出版的《分析力学》，是世界上第一本分析力学著作。在书中，他总结了历史上各种力学基本原理，并在此基础上结合了虚功原理[①]和达朗贝尔原理，进而导出各种系统的动力方程。

拉格朗日引入势和等势面概念，将数学分析的方法应用在质点和刚体力学，使得从牛顿开始以力为基本概念的运动方程，发展为以能量为基本概念的分析力学形式，并建立了拉格朗日方程，奠定了分析力学的基础，也为力学理论得以推广至其他物理学领域开辟了道路。

流体力学方面，拉格朗日提出了描述理想流体运动的拉格朗日方法，着眼于流体质点，描述其整个运动过程。他还是最早提出速度势和流函数概念的人，为流体无旋运动理论做出重要贡献。

拉格朗日还是天体力学的奠基者，他用自己在分析力学中的原理和公式，建立起各类天体的运动方程，并进一步发现了三体问题[②]运动方程的五个特解。他还研究了彗星和小行星的摄动问题，提出了彗星起源假说等。

---

① 虚功原理（principleof virtual work），由拉格朗日1764年提出，内容为：一个原为静止的质点系，如果约束是理想双面定常约束，则系统继续保持静止的条件是所有作用于该系统的主动力对作用点的虚位移所作的功的和为零。

② 三体问题（three-body problem），指三个质量、初始位置和初始速度都是任意的可视为质点的天体，在相互之间万有引力的作用下的运动规律问题。是天体力学中的基本力学模型。由于三体问题不能精确求解，只能根据具体数学的情景研究各种近似的特解。

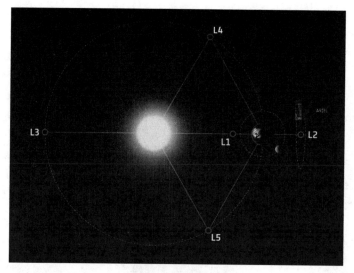

五个拉格朗日点

拉格朗日在数学、力学和天文学三个学科中的贡献都是历史性的。他的全部著作、论文、学术报告记录、学术通讯超过五百篇。他去世后，法兰西研究院收集了他留在学院内的全部著作，编辑出版了《拉格朗日文集》，共十四卷，成为现在学习研究拉格朗日思想和成就的重要资料。

蒙 日

Gaspard Monge

姓　　名：加斯帕尔·蒙日（Gaspard Monge）

出 生 地：法国博纳（Beaune）

生 卒 年：1746—1818

主要贡献：创立画法几何学

主要著作：《曲面的解析式》《画法几何学》《代数在几何学中的应用》

　　　　　《分析在几何学中的应用》等

画法几何学是工程图学的理论基础，在工程图学发展史上具有里程碑意义，它的创立者是 19 世纪法国著名的几何学家蒙日。

画法几何学的创立，推动了空间解析几何学的独立发展，为空间微分几何学、偏微分方程的发展奠定了基础，引导了纯粹几何学在 19 世纪的复兴。另外，他在物理学、化学、冶金学、机械学方面也取得了卓越的成就。

■ 天赋异禀的少年

自幼聪明好学、天资过人的蒙日，是家里的长子。1746 年他出身于法国一个小城镇博纳的贫民家庭。他的父亲靠贩卖一些小商品和给人家磨刀赚取生活费用。在这种家境下，蒙日的父亲还是想方设法给蒙日提供较好的教育，这也为他后来的发展打下了良好的基础。

少年时，他在家乡的一所天主教学校学习，成绩优秀。十四岁那年，在没详细资料辅助的情况下，他仅凭纸面上简单的原理介绍，制作出了一台消防用的灭火机。这个消息很快传遍了整个小镇。人们惊叹于一个小孩子竟然能制作出这么复杂的机械装置。十六岁时，蒙日已成为里昂一所学校的物理老师，他凭借很强的动手能力和非凡的几何才华，自制绘图工具和测量工具，自创观测方法，为博纳镇绘制了一幅大比例尺精美地图，并把它赠给了家乡。蒙日成了小镇上的一位"明星人物"。

当人们问他：你既没有资料，又没有模型，你是怎么制造出那架灭火机的？他说：我的成功，主要取决于两个方面：一个是坚持到底的精神，另一个是用"几何的精确性说明我的思想的手指"。大家公认他是天生的几何学家和工程师，有将复杂的空间关系具体化的非凡天赋。

■ 创立画法几何学

在里昂担任物理教师期间，蒙日绘制的那幅精美的博恩地图得到一位工程兵军官的赞赏，把他推荐给位于梅济耶尔(Mézières)的皇家军事工程学院的司令官，司令官非常欣赏这位聪明的年轻人，蒙日得到了在这所学院深造的机会。由于这所学校受贵族化等级观念的影响，他先被安排当一名绘图员，日常工作主要是简单的测量和制图。这样的事，对蒙日来说，都可以轻松完成。在学习和交流中，他高超的绘图能力得到了同行和校方的高度赞赏。

一次常规课中，有一项内容是设计防御工事，主要任务是要塞的枪炮布置问题，如果按以往的设计，需要大量烦琐的算术计算才能完成，这项工作耗时长，容易出错，而且一旦出现计算失误，往往需要拆毁工事，重新设计，耗时耗力。这是一个令设计师和长官都非常头疼的问题。

蒙日没有因袭传统方法来解决这个问题，他打破常规，运用几何学图解的方法，很快完成了任务。当他把设计方案呈送给上级长官时，起初，这位长官没把他的方案当回事，他认为应该没有人会在这么短时间内解决这个问题，拒绝审查。在蒙日的再三请求下，他审查了蒙日的设计方案，并采纳了他的方案。

蒙日设计方案的依据是他自创的画法几何学。蒙日的设计方法，令这位长官非常震惊，蒙日在几何方面的非凡才华再次得到了认可。法国的军事工程设计从此得到了突破性进展。

学院得知此事后，把他从绘图员的岗位调离，让他担任军事学院的教师，给军事学院的学生讲授他的画法几何学，由于讲授内容涉及军事机密问题，所以学院只允许他在校内讲授且对外保密。

蒙日初创的画法几何学的核心思想是用二维的平面图形刻画三维空间中的立体图形，且在平面中体现空间原物体各部分的大小、位置及相互关系，这为以后的工程设计带来了极大的方便，显示了蒙日使复杂的空间关系形象化的非凡才华。

在此后十五年中，他一直在该学校任教，讲授画法几何学，他为学院培养了大批的军事人才。

1784年，蒙日离开了该军事学院，被任命为海军学院主考官。后来，他应邀在新成立的巴黎高等师范学校和巴黎综合工科学校继续讲授画法几何学，他把自己多年的实践经验和理论成果融入自己的教学中，使画法几何学得到了进一步发展。

1798年在学生们的呼吁下，画法几何学的保密令被取消，《画法几何学》一书得以正式出版。

蒙日《画法几何学》的最初版本除了介绍画法几何学的目的、方法及基本问题外，主要围绕曲面问题的应用展开。在1820年出版的第四版中，人们又根据他生前的手稿，整理增加了阴影理论和透视理论两个部分。

■ 画法几何学推动工业发展

蒙日画法几何（又称透视几何）的绘图法，主要是用二正交投影面定位的正投影法，人称"蒙日法"。其实，这种绘图法并非蒙日首创，只是之前的绘图方法比较零散，不够系统。蒙日在前人绘图法的基础上，以正投影法为切入点，对原来的画法进行了优化，使所绘图形更加精确，降低了绘图的难度，逐渐形成了较为完整的理论体系，使空间图形的几何性质更加便于研究。

蒙日的画法几何是用平面图形来反映立体图形的形状和大小的，在工业生产中得到了普及，变成了工业生产中的一种通用"语言"，设计人员、技术工人，就是通过这种"语言"相互沟通的。按照这种"语言"，设计人员可以把自己头脑中设想的机器部件用图形表示出来，技术人员看到图形就能把它制造出来。

蒙日画法几何使大规模的机器生产代替了许多行业的手工劳动，提高了产品的精确度和产量。随着画法几何的推广，使法国乃至许多国家的工业生产有了长足的发展，对人类工业文明跨越性的进步起了重要的推动作用。

蒙日除了提出画法几何以外，他还曾给出了一个有趣的结论，这个结论就是著名的蒙日定理，又叫根心定理。蒙日定理的内容是：平面上任意三个圆，若这三个圆的圆心不共线，则三条根轴相交于一点，这个点被称作根心；若三圆的圆心共线且不为同心圆，则三条根轴互相平行。它的平面几何证明中的应用比较广泛。

蒙日定理的出现，推动了平面几何的发展，给许多学者在这方面的研究提供理论基础和借鉴，使他们的研究更加细致、深入。

蒙日的名字与曲面几何联系在一起，这是微积分学中的重要内容。蒙日系统地用微积分学研究曲面曲率。在他的曲率的一般理论中，蒙日为高斯铺平了道路，高斯又启发了黎曼，而黎曼发展了黎曼几何，并最终为相对论的建立提供了理论支撑。

■ 蒙日与拿破仑的故事

1789 年法国大革命开始，革命的激情与血腥，给暴动的民众带来了行为的"合法性"，与官方往来密切的科学人物，都陷入惴惴不安的恐怖之中，蒙日的朋友拉瓦锡①便被人们送上了断头台。蒙日的处境也不断恶化，虽然他担任海军部长的时间仅有八个月，而且已把工作的重心转移到科研上，但生存的形势还是迫使他逃离了巴黎，在拿破仑②的保护下求得平安。蒙日之所以能够得到拿破仑的庇护，还要从他几年前担任海军部长时说起。当时的拿破仑是一名年轻的炮兵军官，在一次活动中，拿破仑得到了蒙日热情的接见，给他留下了美好的印象，内心对蒙日充满了感激之情，并且他也非常赏识蒙日出色的数学才能。1796年，已成为法兰西共和国意大利方面军总司令的拿破仑给蒙日写了封信。在这之后，他们之间结下了深厚的友谊，需要决策重大问题时，拿破仑常常听取蒙日的意见。

有一次，蒙日负责挑选意大利战败赔偿"捐献"给拿破仑的绘画、雕塑等艺术品时，曾建议拿破仑"适可而止"，拿破仑欣然接受了他的建议。可见，拿破仑还是很重视这位知己的谏言。

1804年，拿破仑加冕称帝，蒙日非常不以为然，巴黎综合工科学校的学生们也群起反对拿破仑称帝。拿破仑十分恼火，曾质问作为校长的蒙日，"好啊，你的学生几乎全都反抗我！"蒙日则回答："陛下，请恕我直言，您转变得也太突然了！"

当然，拿破仑最终还是如愿成为法兰西第一帝国的皇帝。在拿破仑面前，蒙日的谏言常常直言不讳，有时甚至不留情面。但拿破仑对蒙日也没有过多的责怪，并且在称帝后，为了表彰蒙日以往的功绩，还封蒙日为佩吕斯伯爵，足见他们友谊的纯正和深厚。

---

① 安托万-洛朗·拉瓦锡（Antoine-Laurent de Lavoisier，1743—1794），法国著名化学家，被誉为"现代化学之父"。他定义了"元素"概念、创立氧化学说、确证质量守恒定律，为现代化学奠定基础。

② 拿破仑·波拿巴（Napoléon Bonaparte，1769—1821），即拿破仑一世（Napoléon I）。19世纪法国伟大的军事家、政治家，曾任法兰西第一共和国第一执政，后建立法兰西第一帝国，并加冕称帝。

拉普拉斯

Pierre-Simon Laplace

姓　　名：皮埃尔-西蒙·拉普拉斯（Pierre-Simon Laplace）

出 生 地：法国诺曼底

生 卒 年：1749—1827

主要贡献：天体力学，拉普拉斯变换，概率论

主要著作：《天体力学》《宇宙体系论》《概率分析理论》等

拉普拉斯是法国数学家和天文学家，也是天体力学的主要奠基人、天体演化学的创立者之一。他在研究天体问题的过程中推动了数学的发展，以他的名字命名的变换、定理、方程等在科学技术的各个领域有着广泛的应用。他在分析概率论方面做出的突出贡献，为近代概率论的萌生和发展提供了前提条件。

■ 用一篇论文敲开数学大门

1749 年 3 月，拉普拉斯出生在法国西北部诺曼底地区的一个小镇，他父亲曾任地方行政官，又能从苹果酒贸易中赚钱，家庭还算"小康"。拉普拉斯小时候就十分喜爱数学，数学成绩一直都很优秀，常常能连续几天思考同一道数学难题，这样高度集中的注意力在同龄的孩子中是十分罕见的。十六岁念完初中，拉普拉斯考入了卡昂大学[①]艺术系。

当时的法国社会，去教堂当传教士和去军队供职，都是热门职业，拉普拉斯的父亲希望他攻读神学去教堂工作，于是他遵从父亲的愿望，转到了神学系，开始学习和研究神学。

大学期间，拉普拉斯卓越的数学才能引起了老师们的注意，他们鼓励他向数学方面发展。拉普拉斯执着于研究数学的信念更加坚定，十八岁那年，他带着老师的推荐信奔赴巴黎，拜访当时法国著名学者达朗贝尔。仅靠这份推荐信，拉普拉斯并没有得到达朗贝尔的重视，他被拒绝了。但他并没有因此而气馁，而是又寄了一篇力学方面的论文给达朗贝尔，当达朗贝尔看了这篇论文之后，非常欣喜，他决定会见这位有才气

---

① 卡昂大学（Université de Caen Normandie），1432 年创建，位于法国诺曼底地区的卡昂市。1944 年毁于第二次世界大战，1956 年重建。

的年轻人。后来，经达朗贝尔的介绍，他到一所军事学校去讲授中等数学、基础数学分析、力学等课程。

■ 才华出众成大器

　　凭借卓越的数学天赋和应用能力，拉普拉斯在其他科学领域的研究兴趣也不断被激发出来。从青年时代起，他一边学习数学，一边用数学探究宇宙的奥秘。

　　1770 年到 1773 年，拉普拉斯在短时间内发表了十几篇高质量的论文，涉及当时数学、天文学的最新领域，逐渐引起科学界的重视。1773 年 3 月 31 日，这位才华出众的年轻人被聘任为巴黎科学院副院士。一直以来，进入巴黎科学院是拉普拉斯梦寐以求的愿望，经过几年的拼搏努力，终于一偿夙愿，他的研究工作也得到了科学院同行们的一致认可和大力支持。拉普拉斯经常和柏林的达朗贝尔通信，讨论学术问题，新的研究成果频频出现，学术地位得到了进一步提升，他的学术生涯从此走向了鼎盛时期。

　　1789 年，拉普拉斯四十岁的时候，法国资产阶级革命爆发，法国政局进入动荡时期。

　　今天看来，虽然拉普拉斯在天文学和数学上是个大师级人物，但在现实政治中却是一个会见风使舵的"弄潮儿"，一个政治上的机会主义者。拿破仑就曾讥笑地说他"把无穷小量的精神带到内阁里"。拉普拉斯曾任拿破仑的老师，甚至在拿破仑政府中担任过为时不长的内政部长。但拿破仑的兴起和衰落，都没有太显著地影响他的工作和生活。1814 年法国恢复君主制，路易十八国王复位后便封拉普拉斯为侯爵。当然，拉普拉斯的学术威望以及将数学应用于军事的才能也给他提供了保护。

■ 把上帝赶出宇宙

人们常说，决心将上帝赶出宇宙的人是拉普拉斯。这个有趣的说法来自他和拿破仑的一段对话。当拉普拉斯将他的《天体力学》一书呈送给拿破仑时，拿破仑问：你写的这本书，为什么没有提到宇宙的创造者——上帝？拉普拉斯霸气地回应道："陛下，我不需要那样的假设。"

在当时社会背景下，这句话便成了无神论者藐视上帝的名言。实际上，关于宇宙是如何形成的，人类从未停止探索和猜测。1755年，德国的哲学家康德①首先提出星云假说，对"宇宙神创论"提出质疑。康德在《宇宙发展史概论》中指出：太阳系是由一团星云演变来的。康德的星云假说是从哲学角度提出的，哲理多于科学成分，而且由于他的著作印刷数量有限，并没有引起广泛的关注和传播，甚至有些人对他的学说半信半疑。

四十年后，拉普拉斯再次独立提出星云假说，并且从数学、力学角度加以论证，充实了星云假说。由于他在学术界的权威地位，星云假说第一次在科学界产生了巨大的影响。拉普拉斯对宇宙的研究，主要体现在他的两本重要的著作《宇宙体系论》和《天体力学》中。他从数学和力学的角度，解释了星云中心引力和离心力的相互作用对行星形成的影响。他的唯物论宇宙观，得到了恩格斯的高度赞扬。

---

① 伊曼努尔·康德（Immanuel Kant，1724—1804），德国著名哲学家、作家，德国古典哲学创始人，德国思想界的代表人物。被认为是继苏格拉底、柏拉图和亚里士多德之后，对西方最具影响力的思想家之一。著有《纯粹理性批判》《实践理性批判》《判断力批判》《未来形而上学导论》等。

后世，人们常常把宇宙来自一团星云的演化这一观点称为"康德-拉普拉斯星云说"。

■ 提出概率论

从有记载的人类历史开始，赌博作为一种娱乐消遣，一直是一部分人的钟爱。17 世纪后，随着世界保险业的发展，有人惊奇地发现：虽然赌博的输赢是偶然的，但赌博的次数不断增多时，就会出现一定的规律。由于这种规律非常复杂，计算起来难度很大，所以问题的研究也仅限于表面。

拉普拉斯对赌博中的概率问题做了深入研究。在玩纸牌、掷骰子、抛铜币等各种赌博游戏的实验和计算中，拉普拉斯找到了人们痴迷赌博的真正原因：一是赌局产生的结果是有限的，比如抛铜币只有正反两种结果，直接对应着胜负；二是赌局每一次胜负结果，出现的可能性是相同的。也就是说，机会均等正是让人们心甘情愿地参与赌局的原因。拉普拉斯把研究的结果整理成书——《概率的分析理论》，于 1812 年正式出版。在这本洋洋洒洒七百万字巨著中，拉普拉斯第一次明确提出了概率的概念，系统地叙述了概率论的基本理论，并把概率论和现实生活结合起来，为现实问题的解决提供了理论支持。

《概率的分析理论》的出版，标志着概率论这门新兴学科的正式形成，也使科学界为之震惊，正如作者拉普拉斯在书序言中所指："概率论最终将成为人类知识中最主要的组成部分，生活中那些最重要的问题绝大部分都属于概率论。"

虽然荷兰物理学家惠更斯、瑞士数学家伯努利、法国数学家棣莫弗、德国数学家高斯等都对概率论的发展做出了重要贡献，但作为学科的形成，拉普拉斯当居首功，他是分析概率论的创始人。

拉普拉斯不仅把数学方法应用于天体物理研究的过程中，同时还把它应用于化学研究中。他曾和拉瓦锡在一起合作研究了化合物合成与分解过程中所需热量与所放热量的关系及有关物质的比热，这成为热化学研究的开端。

拉普拉斯在天文学、数学和物理学研究方面的论文多达二百七十多篇，专著合计有四千余页，他对科学的贡献是杰出的，以他的名字命名的拉普拉斯变换、拉普拉斯定理和拉普拉斯方程等，应用十分广泛。他被誉为"天体力学之父"，同时也被后人称为"法兰西牛顿"。

高　斯

Johann Carl Friedrich Gauss

姓　　名：约翰·卡尔·弗里德里希·高斯(Johann Carl Friedrich Gauss)

出 生 地：德国布伦瑞克

生 卒 年：1777—1855

主要贡献：最小二乘法，正态分布，数论，代数基本定理的证明，正十七
　　　　　边形尺规作图

主要著作：《算术研究》《关于曲面的一般研究》《天体运动论》等

高斯是德国著名数学家，近代数学奠基者之一，与阿基米德、牛顿并列称为世界三大数学家。他在数学领域的贡献是多方面且具开创性的。同时，他还是物理学家、天文学家、大地测量学家。

■ 数学"小王子"

1777 年 4 月 30 日，有"数学王子"之称的高斯出生在德国一个贫困的工匠家庭。幼年的高斯，虽然没有接受过正规的学校教育，但他十分聪慧，对周围的事物和发生的许多现象都感到十分好奇，总想一探究竟。同时，他对自己感到疑惑的事情，总想打破砂锅问到底，有一种锲而不舍的精神。他的这种执着的精神得到了母亲的大力支持。另外，高斯还有一个热情、聪慧又能干的舅舅弗利德里希，是纺织贸易方面的一个行家。他十分疼爱这个外甥，在高斯小的时候，常常和小高斯一起做游戏，用灵活多变的方式，开启了小高斯智慧的大门，这让小高斯兴奋不已。

多年之后，当高斯回想起小时候的成长历程，他对舅舅充满了感激之情。舅舅去世时，他伤感地说："我们失去了一位天才。"因为有舅舅对高斯父亲的劝导和母亲对儿子才华的珍视，高斯没有像他父亲那样成为园丁或者泥瓦匠，而是逐步走向学者的发展道路。

高斯七岁上学。十岁的时候，他进入了一个新创办的数学班，布特纳是这个班的数学老师，他对高斯敏捷的思维非常欣赏。老师的鼓励和帮助，对高斯的成长产生了较大的影响。一天，布特纳老师给学生给出了一道数学题：

1+2+3+……一直加到 100，问等于多少？

高斯通过简便运算快速给出了正确答案。布特纳对他出色的表现赞叹不已，还特意买了最好的一本算术书送给他。同时，高斯与布特纳的助手巴特尔斯[①]建立了深厚的友谊，遇到问题时，正是他们的相互帮助、相互鼓励、相互探讨，开启了高斯走向数学研究的大门。

十一岁的时候，高斯去一所文科学校学习，由于他的学习成绩突出，尤其是古典文学和数学得到了老师们的赏识，为后来被推荐深造奠定了基础。

■ 成才路上，公爵资助

18 世纪的欧洲，科学研究还没有完全走向社会化，通过私人资助进行科学研究的现象非常普遍，它推动了科学的发展。高斯生活的时代，正是私人资助科学与科学研究社会化的转变时期。

十四岁那年，经巴特尔斯和其他知名人士的推荐，高斯幸运地得到了布伦瑞克公爵卡尔·威廉·费迪南德[②]的召见。布伦瑞克公爵是一位非常开明的君主，了解了高斯的家境和学习状况后，既同情这位贫寒家庭出身的孩子，也十分欣赏他的出众才华。于是，布伦瑞克慷慨相助，愿意提供高斯进一步学习的经费。在高斯成长、成才的道路上，布伦瑞克公爵的资助起到了至关重要的作用。

在布伦瑞克公爵的鼎力相助下，高斯先后于 1792 年和 1795 年，分

---

① 巴特尔斯（Bartels，Johann Christian Martin，1769—1836），德国数学家。曾任喀山大学教授、塔尔图大学教授。1826 年被选为彼得堡科学院院士。

② 卡尔·威廉·费迪南德（Charles William Ferdinand，1735—1806），布伦瑞克公爵，普鲁士陆军元帅。18 世纪中期的著名军事统帅，也是有学术教养且仁厚的开明专制君主。

别在布伦瑞克的卡罗琳学院和哥廷根大学①学习和深造。1799年，高斯完成了博士论文，回到家乡，在公爵的慷慨资助下，他的长篇博士论文得以印刷和出版。高斯十分感动，曾在书中深情地写道："您的仁慈，将我从所有烦恼中解放出来，使我能从事这种独特的研究。"

1806年，高斯得到了一个他难以接受的不幸消息，长期资助他的布伦瑞克公爵在战争中负伤，不治身亡！随之而来的是，没有了公爵的资助，经济上的拮据使他已不能一心一意地从事研究工作，不得不去找一份临时养家糊口的工作。

■ 受重用，才华充分得展示

从19世纪初，高斯在天文学、数学方面创造性的贡献，已经得到了欧洲各国学术界的重视和认可。欧拉去世后，俄国的彼得堡科学院一直期盼能得到一位科学巨匠来填补失去欧拉的空缺，他们曾一度暗示高斯，希望他能够加入。

德国的科学界和政界也很重视高斯，认为他是一位难得的天才，为了不使德国失去这样的人才，在著名学者洪堡等人联名推荐下，哥廷根大学开出优渥的条件诚邀高斯。经过仔细的考虑后，高斯接受了哥廷根大学的邀请，携全家在哥廷根长期定居了下来。高斯一家人有了舒适的生存环境，他的才华得到了更充分的展示。他为哥廷根数学学派的创立、为德国成为世界科学和数学中心奠定了基础。

---

① 哥廷根大学（University of Göttingen），德国汉诺威公爵兼英国国王乔治二世于1734年创建，曾是第二次世界大战前的世界学术中心之一。培育了四十多位诺贝尔奖获得者。

高斯对待工作精益求精，不成熟的作品从不发表，从他去世后才出版的著作中可以看出，他有许多重要的论文从未发表，这进一步印证了他对自己的严苛要求和对科学严谨的态度。

1849 年，在高斯获得博士学位五十周年之际，哥根廷大学为他举办了庆祝大会，把他对代数基本定理证明的一个"新版本"作为大会的献礼。此时，他的健康状况每况愈下，这个"新版本"便成了他最后的著作。

■ 敲开尺规作图的大门

尺规作图是指只使用圆规和直尺，在只允许有限次的情况下，来解决不同的平面几何的作图问题。它源于古希腊的数学课本，其中正多边形的尺规作图问题属于尺规作图的难题之一。

高斯通过研究，首先发现了正三边形、正四边形、正五边形、正十五边形等正多边形的尺规作图的方法。十九岁那年，他在数论的基础上，给出了判断一个给定边数的正多边形是否可以几何作图的准则，证明了正十七边形的尺规作图的可能性，成功地用代数方法解决了这个几何难题。

自古希腊欧几里得时代起，这个问题一直就困扰着数学家们，牛顿和阿基米德时期也未能解决这个问题。是高斯敲开了这道难题的大门，解决了两千年来悬而未决的难题。这与他聪颖的天资和努力坚持密不可分。

高斯也将自己的这个发现视为平生得意之作，还交代在他的墓碑上刻一个正十七边形。当然，最后他的墓碑上刻的是一个十七角星，因为雕刻师说，正十七边形和圆太像了，一般人不一定能区别得开。

■ 痴迷谷神星轨迹的计算

18 世纪末，火星和木星之间神秘的"空缺"位置曾吸引了众多天文学家的关注，大家推测火星和木星之间应该还有未被发现的行星。

1801 年，意大利天文学家皮亚齐[①]从望远镜里发现了这个"空缺"的位置有一颗小"星星"，经过几天的观测，他发现这颗小"星星"的位置在不断发生变化，就在这个时候，他却病倒了，等到他恢复健康再观测时，那颗小"星星"却不知去向。皮亚齐以希腊神话中"丰收女神"命名它，即谷神星。他把在这之前的观测情况公之于众，希望能得到天文爱好者和天文学家的支持，并和他一道去寻找谷神星的神秘轨迹。

高斯对这颗小行星的研究也着了迷，在研究过程中，他有了一个不同寻常的想法，想通过数学计算来找这颗小行星的位置。天文学家们对他的这种想法不以为然，认为高斯的这种做法是在浪费时间和生命。但高斯坚定地认为，一定能通过数学计算的方法找到那颗神秘的行星。后来，他通过研究，独创了一种求这颗行星球轨道的方法。根据这个方法他可以预测出某时刻该行星的准确位置。谷神星果然在高斯预测的地方出现，高斯用实际行动证明了数学在天文学研究上的重要性。

高斯创立的数学计算的方法叫最小平方法（一种可从特定计算得到最小的方差和求出最佳估值的方法），得到了天文学界一致的认可和高度评价，并沿用至今，只要稍做修改就能适应现代计算机的要求。

---

① 朱塞普·皮亚齐（Giuseppe Piazzi，1746—1826），意大利天文学家、神父，曾任巴勒莫学院数学教授、巴勒莫天文台台长。

后来，高斯成功地将最小平方法与概率原理和正态分布联系起来，提出了正态误差理论，在这过程中，他发明了正态分布，成为数理统计史上最重大的成就之一，在今天的数学应用中，它仍然占据重要的位置。

■ 丰硕的成果

高斯在数学研究领域是一个多面手，他在代数学、数论、微分几何、非欧几何和复变函数等领域做出了开创性的贡献。

高斯在数学研究中的重大成就之一是代数基本定理的证明。代数学基本定理是有关复系数多项式方程在复数域中根的问题，表述为：任意 n $(n > 0)$ 次复系数多项式方程在复数域中至少有一个根。它在代数学乃至整个数学中起着基础性作用。这个定理最早是由德国数学家罗特 (H.A. Roth) 于 1608 年提出来的；法国数学家达朗贝尔第一次证明了该定理，但不完整；欧拉的证明，也有缺陷；1772 年拉格朗日所作的进一步证明也不够严格。

高斯的论文严谨地证明了该定理。后来，高斯又给出了另外三个证法，其中第四个证法是他七十一岁公布的。高斯关于这一命题的证明方法，开创了研究存在性命题的新途径。

现代数学的许多理论都与数论都有着密切的联系，因此，数学家们对它的研究一直保持着恒久的热度。18 世纪数论的研究是零散的、孤立的，高斯在这方面做了大量的研究，在汇集前人智慧的基础上，完成了《算术研究》的写作，并于 1800 年寄给了法国科学院。但是法国科学院拒绝了这部杰作，高斯只好在 1801 年自己发表了这部著作。这本书成为数学史上一本经典之作，也标志着数论作为一门独立学科的产生。

高斯发现非欧几何学并进行了深入的研究。他的著作《关于曲面的一般研究》，开辟了微分几何全新的领域，创立了更高层次的微分几何理论。在复变函数论及椭圆函数论等方面，高斯也有深入的研究和突破性的发现。在数学应用方面，高斯也有着浓厚的兴趣；人们可以从他对天文学、磁学和大地测量学的研究中略见一斑。

1855 年 2 月 23 日，高斯在睡梦中安详地离开了人世。

高斯的一生是不平凡的。他发表的一百五十五篇论文，给后人留下了宝贵的精神财富。为了缅怀这位科学巨匠，在他逝世后不久，纪念他的钱币公开发行，同时，人们为他修建了一座以正十七棱柱为底座的纪念碑。

爱因斯坦曾评论说：高斯对于物理学的发展，尤其是对相对论的数学基础所做的贡献（指曲面论），其重要性是超越一切、无与伦比的。高斯堪称"人类的骄傲"。

阿贝尔

Niels Henrik Abel

姓　　名：尼尔斯·亨利克·阿贝尔（Niels Henrik Abel）

出 生 地：挪威

生 卒 年：1802—1829

主要贡献：证明五次及五次以上的方程不能用公式求解

主要作品：《一元五次方程没有代数一般解》《论一类极广泛的超越函数的一般
　　　　　性质》

英年早逝的天才人物阿贝尔，是挪威数学家、近代代数的创始人之一，被公认为现代数学的先驱。他的数学思想对后人产生了深远的影响。

二十七岁的人生虽然短暂且坎坷，但阿贝尔留给世界的财富与思考却超越了时间的限制。他在多个数学研究领域做出了卓越的贡献，可是，直到他去世前不久，人们才认识到他的价值。

■ 清贫少年，恩师相助

1802 年 8 月 5 日，阿贝尔出生在挪威南部一个小村庄的牧师家庭。由于家境贫寒，阿贝尔的童年十分清苦。十三岁时，他进入奥斯陆一所天主教学校读书，也正是从这个时候开始，他过人的数学才华逐渐显露。恩师霍尔姆博①十分欣赏他的数学天赋，先后引导他学习牛顿、欧拉、拉格朗日及高斯等著名数学家的著作，开阔了阿贝尔的视野。在这些著作中，数学大家的创造性思路与成果，引领着阿贝尔，使他的精神境界迈向新的高度。阿贝尔不仅读懂了他们的理论知识，甚至还能从中发现一些小小的漏洞。阿贝尔曾感慨地写下这样的话："要想在数学上取得进展，就应该阅读大师的而不是他们的门徒的著作。"

1820 年，由于阿贝尔父亲骤然离世，照顾全家的重担一下子落到了这个刚满十八岁的年轻人肩上。霍尔姆博不希望阿贝尔因此荒废学业，白白浪费了自己超人的数学天赋，决定资助他继续学习。阿贝尔得

---

① 霍尔姆博（Bernt Michael Holmboe, 1795—1850），挪威数学家。生于旺格（Vang），卒于克里斯蒂安尼亚（Christiania）。

以进入奥斯陆大学①（克里斯蒂安尼亚大学）学习，并于 1822 年顺利获得了预颁学位。

阿贝尔在学校里十分刻苦，他一边自学学校的课程，一边花大量时间进行各种数学研究，以此来报答恩师从小对自己的期望和栽培。

■ 怀才难遇伯乐

1823 年，天赋和努力兼备的阿贝尔成功发表了自己的第一篇论文，并凭借论文成果和朋友的力荐，得到挪威政府资助，去当时数学研究水平更加先进的德国及法国进修。

在等待政府回复的期间，阿贝尔也不曾停止对于数学世界的探究，很快，他又发表了一篇论文——《一元五次方程没有代数一般解》。这篇论文解决了几百年来的难题，并清晰地证明了这一判断：五次方程不存在代数解。

后来数学上把这个结果称为阿贝尔-鲁芬尼定理，是对置换群理论的产生和代数学发展具有重要意义的定理。阿贝尔满怀期望地把论文寄送给当时的一些著名的数学家，其中也包括数学王子高斯。但是手头并不宽裕的阿贝尔为了减少印刷费，把论文内容缩减成了只有六页的小册子，使得高斯错失了这篇论文，也就没能得知这个著名的代数难题已被一个名不见经传的少年破解。

1825 年的冬季，阿贝尔远赴柏林深造，认识了对数学也十分感兴

---

① 奥斯陆大学（Universitetet i Oslo），挪威王国最高学府，1811 年建立。大学初名皇家弗雷德里克大学（Det Kongelige Frederiks Universitet），1939 年更名为奥斯陆大学。曾培养了五名诺贝尔奖获得者及众多杰出人物。

趣的德国工程师克雷勒[①]。初次见面，阿贝尔就表示自己曾拜读过克雷勒的所有数学论文，并细致地提出自己认为的一些小错误。克雷勒十分谦虚，并在阅读了阿贝尔对五次方程研究的小册子后愈发认同阿贝尔的数学天赋。一来二去，两人逐渐成了数学方面的知音。后来，在阿贝尔的提议下，克雷勒创办了《纯粹与应用数学杂志》，并在第一期就刊登了阿贝尔研究五次方程的研究论文。

阿贝尔在柏林独立开展了一段时间的研究工作后，又去了欧洲各地。1826年夏天，阿贝尔抵达巴黎，拜见了那里所有出名的数学家，一遍遍向他们解说有关超越函数的研究成果。阿贝尔想要介绍的是一个新的代数函数的理论，虽然现在这一理论已经成为"阿贝尔定理"而被数学界所熟知，但是在当时，这些声名远扬的数学家们虽然表面彬彬有礼地接待了他，却没有人真正愿意仔细倾听这位外表腼腆、衣着寒酸、来自落后国家的年轻人谈论他的研究工作。

阿贝尔没有放弃，通过正规渠道将记载着他诸多主要成果的一份长篇论文——《论一类极广泛的超越函数的一般性质》提交法国科学院，期盼可以在那里得到赏识。时任科学院秘书的傅里叶看过引言后认为这是一篇有意义的文章，将它交给当时在这一领域的著名专家勒让德[②]和在纯数学领域硕果累累的数学家柯西做进一步的审查。可是，勒让德对此文不以为意，称其"拼写糟糕，无法阅读"；柯西更是疏忽大意，把论文带回家就忘记了放在哪儿。然而这一失踪就是两年，直到阿贝尔去世，原稿才被重新找到，而论文的正式发表，更是被拖延到了十二年后。

---

① 克雷勒（A. L. Crelle，1780—1855），德国数学家，铁路工程师。设计了德国最早的铁路。1826年创办《纯粹与应用数学杂志》(*Journal für die reine und angewandte Mathematik*)，简称为《克雷勒杂志》。

② 勒让德（Adrien Marie Legendre，1752—1833），法国数学家。巴黎高等师范学院数学教授，椭圆积分理论奠基人之一。著有《椭圆函数论》《行星外形的研究》《几何学基础》《数论》等。

■ 迟到的礼遇

从拜访各大数学家到提交至法国科学院的论文杳无音讯，阿贝尔在巴黎处处碰壁。加之他当时租住地的房东十分刻薄，更使他沮丧无助。心力交瘁、受尽冷遇的阿贝尔此时并不知道，自己已经染上了肺结核。阿贝尔在巴黎空等了将近一年，只好辗转回国。到达柏林的时候，他已经身无分文，举步维艰。又是恩师霍尔姆博雪中送炭，才使得身陷绝境的阿贝尔得以顺利回家。

困顿的生活和萦绕不散的病情并不能阻碍阿贝尔对数学的热爱，直到去世之前，他还一直笔耕不辍，写了大量的论文。尽管当初送至法国科学院的论文被著名数学家忽视，但他回到挪威写的大部分论文都在挚友克雷勒的《纯粹与应用数学杂志》上发表。这些论文使阿贝尔的名字传遍欧洲大陆重要的数学中心。数学界终于开始认识到阿贝尔的研究价值，一颗备受瞩目的数学新星冉冉升起。只可惜当时阿贝尔消息闭塞，不仅对于自己的出名一无所知，甚至在自己国家连一个大学的普通教职也谋求不得。

1828 年的冬天很冷，阿贝尔穿上了所有的衣服，可是身体还是觉得冷。他咳嗽、发抖，觉得胸部不适，但是在朋友面前他装作若无其事，而且常常开玩笑，以掩饰身体的不舒服。

1829 年 1 月，频繁的吐血让阿贝尔感觉到自己的生命即将走到尽头；1829 年 4 月 6 日凌晨，阿贝尔与世长辞，身边只有未婚妻凯姆普（Kemp）。

临终的几天，凯姆普坚持只要自己一个人照看阿贝尔，她要"独占这最后的时刻"。也许是造化弄人，就在阿贝尔去世的两天后，克雷勒在寄给阿贝尔的信中说，柏林大学已决定聘请他担任数学教授。然而一切都太迟了，这位年仅二十七岁的天才数学家的生命已经走到尽头。

阿贝尔去世十年后，他的恩师霍尔姆博整理了他的研究成果，为他出版了文集。

■ 新星陨落，光辉长存

法国数学家埃尔米特[①]曾说：阿贝尔留下的后继工作，"够数学家们忙上五百年"。虽然阿贝尔英年早逝，但是其数学研究却涉及了很多方面。在代数方程方面，除了发现一元五次方程没有一般解，他的研究还涉及了更广的一类代数方程，后人对这一类方程进行进一步研究，发现它是一种具有交换律的伽罗瓦群的方程，并将此命名为"阿贝尔群"。

在无穷级数方面，阿贝尔发现幂级数的敛散性具有很好的特征，并就此提出"阿贝尔定理"作为收敛准则。阿贝尔还研究了满足特定形式的幂级数求和的定理。这些理论对推动分析学严格化起到了巨大的作用。

阿贝尔在身患重病回到挪威工作期间，对于椭圆函数做了非常多的工作，他与后来的雅可比[②]被认为是椭圆函数理论的两位奠基者。椭圆函数是由求椭圆弧长引出的，在阿贝尔之前，数学家们对于椭圆函数的研究十分零散。阿贝尔发现的加法定理、双周期性以及椭圆积分的反演，

---

① 埃尔米特（Charles Hermite，1822—1901），法国数学家，法兰西科学院院士。曾任巴黎大学教授。

② 卡尔·雅可比（Carl Gustav Jacob Jacobi，1804—1851），德国数学家。奠定椭圆函数论的基础，在纯粹数学和应用数学均有突出贡献。著有《椭圆函数基本新理论》《论行列式的形成与性质》等。

使得椭圆函数理论得到了飞跃发展，并对其他数学分支产生深刻影响。

翻开近代数学的教科书和专门著作，阿贝尔的名字屡见不鲜，除去刚刚提到的阿贝尔群和阿贝尔定理，还有阿贝尔积分、阿贝尔函数、阿贝尔积分方程、阿贝尔级数、阿贝尔部分和公式、阿贝尔极限定理、阿贝尔可和性等等。只有很少几个数学家能使自己的名字同近代数学中这么多的概念和定理联系在一起，人们通过用阿贝尔之名来命名定理，以此纪念这位生命如流星般短暂却耀眼夺目的数学家对近代数学的突出贡献。

阿贝尔一生命运多舛，生活拮据，科研工作也充满了遗憾和坎坷，但是身处困境却从不曾放弃数学和理想、不向艰苦的现实低头的精神尤其珍贵。

在挪威首都奥斯陆，雕塑家古斯塔夫·维格兰[①]创作了一尊阿贝尔的雕像，这是一个大无畏的青年形象，脚下踩着两个怪物——分别代表五次方程和椭圆函数。

2002 年，在阿贝尔诞辰二百周年之际，挪威政府以他的名字设立了一项数学奖——阿贝尔奖。这项大奖每年颁发一次，奖金高达八十万美元，相当于诺贝尔奖的奖金，已经成为如今数学界的最高荣誉之一。

---

① 古斯塔夫·维格兰(Gustav Vigland，1869—1943 年)，挪威著名人体雕塑家。在奥斯陆建有以他名字命名的"维格兰雕塑公园"。

皮尔逊

Karl Pearson

姓　　名：卡尔·皮尔逊（Karl Pearson）

出 生 地：英国伦敦

生 卒 年：1857—1936

主要贡献：数理统计

主要著作：《科学的法则》

卡尔·皮尔逊是 19 世纪著名的应用数学家和统计学家。他以扎实的数学功底奠定了数理统计学的理论基础，让统计学技术应用于政治、经济以及遗传学等诸多领域，推动了统计学的发展。

■ "我们无知，因此让我们努力"

1857 年 3 月 27 日，皮尔逊出生于伦敦一个有良好家世背景的家庭。他的父亲是一名才华横溢的律师，曾兼任王室的法律顾问。幼年时，皮尔逊兴趣广泛，接受了良好的教育。

1866 年，皮尔逊进入伦敦大学学院学习，中途因病退学，休息了一段时间。1875 年他进入剑桥大学数学系学习，由于勤奋努力，1879 年他以优异的成绩从该校毕业。在剑桥大学学习期间，他曾辅修法律，出版过几部文学作品，参与了一些政治活动。他倾心于马克思的学说，为了表达对马克思的崇敬之情，他将自己的名字 Carl 改为 Karl。

接下来的几年是皮尔逊的才能得到全面展示的重要时期。他思维敏捷，语言表达能力强，常发表一些诗歌、批判性的评论、随笔等，展现了他良好的文学素养，同时他富有感染力的讲演，展现了他过人的沟通能力和语言交际能力。

从 1879—1880 年，皮尔逊先在海德堡大学①学习物理学和哲学，然后到柏林大学学习了罗马法。虽然文学不是他的主修专业，但他始终没有放弃对文学的热爱，他曾对德国的民俗学、德国文学、宗教改革的

---

① 鲁普莱希特-卡尔斯-海德堡大学（Ruprecht-Karls-Universität Heidelberg），简称海德堡大学。德国最古老的大学之一，建于 1386 年，位于德国西南部的巴登-符腾堡州。曾培养出五十多位诺贝尔奖获得者。

历史及妇女问题等产生过浓厚的兴趣，还开设过一系列这方面的讲座。

1884 年皮尔逊进入伦敦大学学院讲授数学与力学。在工作的前六年，他以坚忍不拔的奋斗精神迎来了学术上异乎寻常的多产。受英国科学家弗朗西斯·高尔顿①的《自然遗传》一书的影响，他开始专注统计学的理论和方法的研究。

1901 年，皮尔逊与韦尔登②、高尔顿一起创办了《生物统计》杂志，从而使数理统计学有了一席之地，并给这门学科的发展、完善以强大的推动力。

1892 年 2 月，皮尔逊出版了《科学的法则》一书。1904 年他被任命为伦敦大学高尔顿实验室的首任主任，并且首次开设了优生学讲座。1893 年至 1912 年，他写出十八篇《在演化论上的数学贡献》的文章，这些内容就是今天的统计学知识。

晚年的皮尔逊，控制欲太强，他与另一位统计学家费希尔③之间产生很大的分歧，这也成了统计学发展史上的一大遗憾。1933 年 10 月，皮尔逊虽然辞职退休，但根据他个人的申请，校方为他留了一间办公室，他仍然严格遵循学院上班的时间，以规律的工作状态的方式生活着。

1935 年，他的精力明显衰退，繁忙的工作终于耗尽了他的体力，在生命弥留之际，他还在坚持看《生物统计》第二十八卷的校样。

---

① 弗朗西斯·高尔顿（Francis Galton，1822—1911），英国科学家、探险家。学术研究涉猎广泛，主张将进化论引进人性研究，开创优生学、指纹分类法。著有《自然遗传》《人类才能及其发展的研究》《指纹学》等。

② 韦尔登（Walter Frank Raphael Weldon，1860—1906），英国生物学家，生物统计学的奠基人之一。英国皇家学会会员，伦敦大学学院、牛津大学教授。

③ 罗纳德·费希尔（Ronald Aylmer Fisher，1890—1962），英国统计与遗传学家，现代统计科学的奠基人之一，被誉为"达尔文最伟大的继承者"。著有《研究工作者的统计方法》《天择的遗传理论》《统计方法与科学推断》等。

■ 赢得"统计之父"的称号

19 世纪 90 年代以前是统计学发展的萌芽时期，由于统计理论和统计方法的不完善，人们对统计资料的收集、整理和分析自然受到一定的限制。皮尔逊在他的老师高尔顿的影响下，开始研究生物统计学。他运用统计方法对生物学、遗传学、优生学随机数据的规律进行研究，做出了突破性的贡献。同时，他从生物统计的角度提炼出了处理统计资料的一般方法，使统计方法论得到了进一步发展，开创了现代统计时代，赢得了"统计之父"的称号。

皮尔逊在统计学方面的主要贡献：

导出一般化的次数曲线体系。在皮尔逊之前，人们普遍认为，几乎所有的数据都接近正态分布，不重视非正态分布的研究。皮尔逊接过了前辈的接力棒，1894 年发表了《关于不对称曲线的剖析》，1895 年发表了《同类资料的偏斜变异》等论文，得到包括正态分布、矩形分布、J 型分布、U 型分布等十三种曲线及其方程式。他的这一成果，打破了以往次数分布曲线的"唯正态"观念，推进了次数分布曲线理论的发展和应用，为大样本理论奠定了基础。

提出卡方检验。皮尔逊认为，不管理论分布拟合的怎么样，它与实际分布之间总存在或多或少的差异。为了进一步深入研究，1900 年皮尔逊提出了一个著名的统计量，称之为卡方，用来检验实际值的分布数列与理论分布数列是否在合理范围内相符合，用以测定观察值与期望值之间的差异显著性。卡方检验（又称拟合优度检验）提出后，得到了广泛应用，在现代统计理论中占有重要地位。

相关理论和回归理论的发展。皮尔逊推广了高尔登的相关与回归方法，推导出人们称之为"皮尔逊乘积动差"的公式，赋予多重回归方程系数以零阶相关系数的名称，并提出了净相关、复相关、总相关、相关比等概念，推导出计算复相关和净相关的方法及相关系数的公式。

重视个体变异性的数量表现和变异数据的处理。皮尔逊认为，在个体之间真正变异性的概念，与在估算一个单值方面的误差之间的机遇变异有着很大的差别。对这个观念的强调，是他对生命了解的真正贡献之一。他在1894年那篇关于不对称次数曲线的论文中，提出了"标准差"的概念。

推导出统计学上的概差。皮尔逊推导出他称之为"频率常数"的概差，并编制了各种"概差"计算表，这是他自己认为的最重要贡献之一。这些"概差"的概念对于先前缺乏度量的大多数统计资料的抽样变异性，显示了巨大进步。

可以说，整个20世纪的统计革命，起源于皮尔逊的思想。他的思想是颠覆性的，得到了统计学家们的一致认可。他改变了人们认知世界的方式，同时也改变了科学研究的对象，由关注具体的实验数据转变为关注实验数据出现的可能性。这样，统计学成了处理概率的基本工具。

在皮尔逊的影响下，西方统计学得到了进一步的发展。美国生物学家雷蒙德·珀尔[1]说："历史的进展清楚地显示出极少数的人，没有靠地位或者环境，而仅仅靠他们的聪明才智，对人类的思维模式产生了巨大的影响……卡尔·皮尔逊就是这少数杰出人物中的一个。"

---

① 雷蒙德·珀尔(Raymond Pearl，1879—1940)，美国著名生物学家。曾任霍普金斯大学生物研究所所长、美国食品局统计部主任、美国统计学会及美国人体人类学学会会长。

波利亚

George Polya

姓　　名：乔治·波利亚（George Polya）

出 生 地：匈牙利布达佩斯

生 卒 年：1887—1985

主要贡献：函数论，数论，组合数学，数学方法论

主要著作：《科学中的数学方法》《组合学导引的札记》《数学的发现》《怎样解题》《数学与猜想》

乔治·波利亚是出生于匈牙利的美国数学家、数学教育家，是当代著名的数学大师，在概率论、实变函数、复变函数、组合论、数论、几何等数学分支中都做出了突出贡献。他的解题理论、数学教育理论和教师教育理论对数学教育改革有十分重要的指导意义。

■ 13 日生日俱乐部

1887 年 12 月 13 日，波利亚生于匈牙利布达佩斯，父亲是一名优秀律师，哥哥是一名著名的外科医生，因研究出一种胃外科手术而闻名。波利亚在进入大学前就读于布达佩斯的一所预科学校，当时就显示出了浓厚的学习兴趣，不仅成绩名列前茅，还参加了两个自学小组——数理组和文学组。当时，数学老师对他的印象很不好，而他对于数学完全不感兴趣，反而十分喜欢文学。波利亚尤其喜欢海涅①，甚至还因为将这位德国大诗人的诗作翻译成匈牙利文而获奖。巧合的是他与海涅的生日在同一天——12 月 13 日，他感到自己和海涅结缘颇深，并对自己的生日十分自豪。后来，波利亚还因此将出生在 13 日的朋友与同事组织在一起，成立了一个"13 日生日俱乐部"。

1905 年，成绩优异的波利亚获得进入布达佩斯大学②学习的机会。由于当时律师是十分受人敬重的职业，所以他的母亲非常希望波利亚可

---

① 海因里希·海涅（Heinrich Heine，1797—1856），德国浪漫主义诗人和散文家，被称为"德国古典文学的最后一位代表"。作品有《游记》《德国，一个冬天的童话》等。

② 布达佩斯大学，即厄特沃什·罗兰大学（Eötvös Loránd Tudományegyetem）。1635 年建立，为匈牙利最高学府。1921 年前，称布达佩斯大学；1950 年后，以物理学家厄特沃什·罗兰命名。一般中文简称为罗兰大学。

以承继父亲的衣钵，竭力劝导他读法学院。年轻的波利亚一开始接受了母亲的安排，但是一学期下来，他发现自己对法律实在不感兴趣，便选择去学习语言文学。

两年后，他通过了教师资格考试，但是并不甘于就此成为预科学校低年级教师的波利亚，此时又萌生了对哲学的兴趣。他当时的哲学老师建议他将数学和物理作为哲学的一部分深入学习，认为这样可以加深他对哲学的理解，于是，波利亚开始认真学习物理与数学。

当时的物理课教师是埃特沃斯，数学教师则是费耶尔[①]，两人对波利亚都产生了很大的影响，尤其是费耶尔对他的影响更大。费耶尔非常善于与学生们交流，经常和学生们聚在咖啡馆里一起讨论和研究各种数学问题，并不时穿插数学家的故事，吸引了相当一批天才学生进入他的数学圈。自认对于物理并不擅长的波利亚受到费耶尔的吸引，由此，才走上了数学之路。

■ 丰富的教学生涯

1912 年，波利亚回到布达佩斯大学，获得了哲学博士学位。他先后在哥廷根大学和巴黎大学从事博士后研究工作，在这两所大学，波利亚结识了许多数学家，与这些知名数学家的密切交往给了他日后的研究工作非常多的启发和帮助。

1914 年初，波利亚受德国数学家赫尔维茨[②]的邀请来到苏黎世，在

---

① 费耶尔（Fejér lipot，1880—1959），匈牙利数学学派的代表人物，傅里叶级数理论的奠基人之一。曾任布达佩斯大学高等分析教授，培养了多位著名数学家。

② 赫尔维茨（Adolf Hurwitz，1859—1919），德国数学家。在不变量理论、四元数和八元数理论、二元二次型理论等方面均有贡献。

瑞士联邦工学院开始了他的教学生涯。同年，第一次世界大战爆发。随着战局严峻，兵员紧张，匈牙利当局要求他回国服兵役。但是波利亚受英国数学家和哲学家罗素[1]的影响，支持反战，拒绝入伍，这也致使他长期不能再回到他的祖国。

1924 年，在英国数学家哈代[2]的邀请下，波利亚在英国逗留了一年，其间先后访问了英国的几所著名高等学府，并参与了由哈代等数学家主持的经典著作《不等式》的撰写工作。

1928 年，波利亚在瑞士联邦工学院被破格直接晋升为教授。20 世纪 30 年代，他与欧美的高等院校多有密切合作与交流。第二次世界大战爆发，为了躲避纳粹的迫害，欧洲各国学术界人士纷纷涌入美国，波利亚也在这股浪潮中从瑞士经葡萄牙转道去了美国。

20 世纪 40 年代初期，波利亚接受斯坦福大学[3]的聘任，开始了在美国的工作与生活。

1953 年，从斯坦福大学退休后，波利亚并没有停止教育工作，而是投身教师培训活动。他充满热情地进入师范院校继续教学，据说直到其 93 岁高龄时，还在讲台上亲自讲授解题研究与数学方法论。

在人生的最后几年，波利亚视力极度下降，但他依然没有放弃自己热爱的教育事业，借助有放大作用的阅读机继续坚持阅读并回答别人的问题，并时常向周围人强调："我对数学的兴趣依旧浓厚！"

---

① 伯特兰·阿瑟·威廉·罗素（Bertrand Arthur William Russell，1872—1970），英国著名哲学家、历史学家、数学家，著有《西方哲学史》《哲学问题》《心的分析》等。

② 哈代（Godfrey Harold Hardy，1877—1947），英国数学家。英国牛津大学、剑桥大学教授，英国数学分析学派的创立者。著有《傅里叶级数》等。

③ 斯坦福大学（Stanford University），全称小利兰·斯坦福大学（Leland Stanford Junior University），1885 年成立，是美国著名私立研究型大学。

■ 研究广泛涉猎宽

波利亚对数学的广泛兴趣使他取得了众多的成就。

波利亚在读博士期间就开始进行概率论方面的研究工作，但当时的布达佩斯并没有这方面的老师。他完全凭借自己，研究了概率论中的特征函数，第一个在论著中使用"中心极限定理"这一概念，并提出了"波利亚准则"。

他提出了典型的"罐子模型"，开辟了"波利亚分布"这一分支。1921 年，波利亚首创了术语——随机游动，并发表了有关随机游动的论文。

波利亚最深奥和最困难的工作集中在复变函数论方面。他研究了全平面内没有奇点的单值函数，做出了有关函数零点的结果，而这一结果与著名的黎曼猜想[①]密切相关。他当时提出的"波利亚猜想"虽然在很久以后被推翻，但是后人针对这一猜想进行的研究工作推动统计方法取得了重大进展。

波利亚对化学中的对称性问题很有兴趣。1935 年，他开始对化学中的同分异构体进行研究。并不是说波利亚研究起了化学，而是他在前人的基础上研究同分异构体的计数问题，并于 1937 年发表了长达一百一十页的在组合数学中具有深远意义的著名论文《关于群、图与化学化合物的组合计算方法》，给出了普遍适用的一般计数方法。自 19 世

---

① 黎曼猜想，或称黎曼假设。由德国数学家波恩哈德·黎曼 (Georg Friedrich Bernhard Riemann，1826—1866) 于 1859 年提出，是至今尚未得到证明的世界著名难题。

纪初同分异构体被发现，它的计数问题在很长一段时间内都是困扰化学家和数学家的大问题。这种方法后来被称为"波利亚计数定理"，已写入组合数学教材中。

另外，波利亚还在等周问题、几何问题及数论等诸多方面进行了探索和研究。

■ "我想成为波利亚"

波利亚长时间投身大学数学教学，形成了一套自己独特的数学教学方法和教学思想。他善于将自己精湛的教学艺术与深入的数学研究相结合，并能将其实际应用到丰富的教学活动中。

波利亚在继承和借鉴其他数学家教育思想精华的基础上，认真剖析了当代人发现数学定理及证明的过程，提纲挈领地对人类认识数学的思想、方法与途径进行总结，提出了数学教育领域重要的思想与方法论。

具体来讲，他的教学思想有以下两个特点：一是数学学科的定位方面。他认为数学是具有演绎和归纳二重性的科学，既充满欧几里得式的演绎，而在实际的认识与创造过程中又离不开实验性和归纳性。二是数学学习方法方面，他认同"生物发生律"，并坚信数学可以有智力开发的作用。

1963 年，波利亚在《美国数学月刊》引入了主动学习原则、最佳动机原则和阶段循序原则。这就是著名的"数学教学和学习的心理三原则"。

具体来讲，主动原则指的是在课堂教学中，教师不应成为教育的主导者，而应该只对学生学习起辅助作用，努力激发学生学习的主动性。教学的实质应该是引导学生独立发现新问题，积极提出问题和解决问题。波利亚认为，学生只有拥有足够的洞察力和创造力才能做到科学地提出问题，而一个科学问题的提出往往会直接促成一项成功的发现。学生在提出和解决问题的过程中必定精力高度集中，此时学习的主动性就会被激发。

波利亚认为学习者一旦缺少活动的动机，就很容易出现"疲态"，而学习数学的最佳动机在于对数学的兴趣，最好的奖赏应该是通过聚精会神的脑力活动产生快乐，这就是学习的最佳动机。

最后，波利亚将数学学习过程由低级到高级分成探索阶段、形式化阶段、同化阶段。他认为要想学习掌握一门知识，人的思维必须有序地通过这三个阶段，这就是学习的阶段循序原则。

波利亚的《怎样解题》《数学与合情推理》《数学的发现》三部著作集中反映了他把数学方法论用于数学教学的研究和实践，取得了令人瞩目的成就。《怎样解题》中，他倡导教师要发展学生的解决问题的能力，教会学生自主思考；《数学与合情推理》一书从数学发现的逻辑思想入手，深入探讨了合情推理的基本特点和不足，对数学发现的逻辑思想进行了梳理和总结；《数学的发现》一书主要讲解的是思考方法和思维路线，给出了怎样发现、创造数学里的新命题。他通过一些简单典型的例子，引导读者学习如何去思考问题、分析问题，并提供了相当丰富的习题让读者亲自实践。

波利亚是当代数学方法论、解题研究与启发式教学的先驱，其著作的出版，在当时的美国引起了轰动，很快引起了世界各国的关注。

波利亚是一位高产的数学家，一生共发表了二百多篇论文和专著，在数学的多个领域都做出了开创性的贡献。他对于数学科学的研究造诣精深又醉心于教育，建立了现代数学教学重要的方法论。鉴于其在数学教育领域的突出成就，1980 年，波利亚受邀担任第四届国际数学教育大会的名誉主席。

1985 年，这位热爱教育的数学家以九十八岁的高龄去世。

中国出版的波利亚著作

当代数学家德布鲁因[1]曾这样评价波利亚："波利亚是对我的数学活动影响最大的数学家，他的所有研究都体现出使人愉快的个性、令人惊奇的鉴赏力、水晶般清晰的方法论、简捷的手段、有力的结果。如果有人问我，想成为什么样的数学家，我会毫不迟疑地回答：波利亚。"

---

[1]　德布鲁因（Nicolaas Govert de Bruijn），荷兰数学家。组合数学中以其名字命名的德布鲁因序列在机器人视觉、密码学、基因工程等众多领域有着广泛应用。著有《分析中的渐进逼近方法》等。

陈省身

Shiing-Shen Chern

姓　　名：陈省身（Shiing-Shen Chern）

出　生　地：浙江嘉兴

生　卒　年：1911—2004

主要贡献：现代微分几何

陈省身是美国华裔著名数学家，也是 20 世纪伟大的几何学家、现代微分几何奠基人，被国际数学界誉为"微分几何之父"。他在数学领域取得的丰硕研究成果，对整个数学的发展产生了深远的影响，曾获美国国家科学奖等多项奖励。

■ 南开大学的少年才子

1911 年，陈省身生于浙江嘉兴秀水县。少年时他就喜爱数学，善于自主学习、自我管理。他常常带着问题去选择一些书目去阅读，而不是被动地阅读老师指定的书目。九岁时他考入家乡秀州中学，这时他已能做相当复杂的数学题了。毕业后，他随父迁往天津，进入天津扶轮中学[①]就读。

十五岁，陈省身考入南开大学数学系，成为全校闻名的少年才子。二十岁时，他就读于清华大学研究院，成为我国最早的数学研究生之一。在导师孙光远[②]的指导下，他的第一篇数学论文《具有一一对应的平面曲线对》在《清华大学理科报告》上发表，他的研究成果得到了初步展示，数学研究之路从此开启。

1932 年，德国的数学家布拉施克（W.J.E.Blaschke，1885—1962）应邀来华讲学，年轻的陈省身认真聆听，深受启发，确定了自己今后的研究方向——微分几何。这个目标的确立，便成了他一生的追求。

清华大学研究院毕业后，陈省身去汉堡大学数学系留学，1936 年，

---

① 天津市扶轮中学，中国第一所铁路职工子弟中学，1918 年创建。

② 孙光远（1900—1979），原名孙鏐，浙江余杭人。著名数学家，中国微分几何与数理逻辑研究的先行者，中国近代数学奠基人之一。

获得了科学博士学位。同年夏天，陈省身得到中华文化教育基金会^①的资助，赴法国巴黎，师从法国几何学大师埃利·约瑟夫·嘉当^②研究微分几何。嘉当敏锐地发现了陈省身不俗的数学才华，经常和他交流，对陈省身后来的成长和思维发展产生了深远的影响，使他终生难忘。

■ "去国怀乡"的发展之路

1937 年，抗日战争全面爆发。陈省身义无反顾地离开法国，回到了灾难深重的祖国，被聘任为清华大学数学系教授，这一年，他仅仅二十六岁。随后，清华大学南迁至昆明，陈省身在新成立的西南联合大学^③任教授，讲授微分几何学。

1943 年，应美国数学家维布伦^④的邀请，他前往普林斯顿高等研究院工作。在后来的两年间，他倾力于经典微分几何的研究，发表了独具

———————

① 中华教育文化基金会，原名中华教育文化基金董事会，是 1924 年用美国退还的"庚子赔款"建立的一个民间文教机构。该会利用稳定的基金来源，资助中国大专院校、研究机构及文化事业建设，为中国科教现代化的发展做出贡献。1950年迁往中国台湾。

② 埃利·约瑟夫·嘉当（EIie Joseph Cartan，1869—1951），法国数学家，法兰西科学院院士。对李群（Lie group）的结构和表示、黎曼空间几何学都有深入的研究。

③ 西南联合大学，简称西南联大。抗日战争开始后，由北京大学、清华大学、南开大学等高校内迁设于昆明的一所国立综合性大学。1946 年 7 月 31 日停止办学，共存在八年零十一个月。

④ 维布伦(Veblen, Oswald, 1880—1960)，美国数学家，对微分几何做过广泛的研究，在射影几何的发展方面有较大影响，对美国数学会的发展做出过重要贡献。

匠心的微分几何的论文《闭黎曼流形的高斯-博内公式的一个简单内蕴证明》，奠定了他在国际数学界的声誉。

抗战胜利后，陈省身放弃了美国的工作，回到上海，马上被邀请去主持筹备数学研究所的工作。1948 年，数学研究所由上海迁址到新址南京，他任代理所长，主持数学所的工作。同年 3 月，陈省身入选中央研究院[①]第一届院士。在之后的几年间，他为祖国培养了一批青年数学骨干。

1949 年，陈省身携家迁往美国，并担任芝加哥大学教授。后来他又受聘为加州大学伯克利分校[②]教授，还担任美国国家数学科学研究所第一任所长。陈省身致力于数学研究，特别是在微分几何方面做出了突出的贡献，使美国数学有了长足的发展。

1961 年陈省身加入美国籍，1980 年退休。

■ 辉煌的"几何人生"

在 20 世纪 40 年代，陈省身结合微分几何与拓扑学的方法，完成了两项重要工作：用内蕴的方法证明了高维的高斯-博内公式[③]，定义了陈省身示性类（Chern Class），为大范围微分几何提供了不可缺少的工具。这些概念和工具，已远远超出了微分几何与拓扑学研究的范围，成为整

---

① 中央研究院，简称中研院，是中华民国时期学术研究最高机关。1928 年成立，蔡元培为首任院长。1949 年迁至中国台湾。

② 加利福尼亚州大学伯克利分校（University of California, Berkeley），简称 UC Berkeley，创办于 1868 年，是世界顶尖的公立科技研究型院校。

③ 高斯-博内公式，是以高斯和博内(Ossian Bonnet，1819—1892)命名的关于曲面图形和拓扑间联系的一项重要表述，亦称高斯-博内定理。

个现代数学中的重要组成部分。

陈省身是一位杰出的教育家，他不仅影响了世界数学的发展，而且还极大推动和复兴了中国数学。他曾先后主持、创办了三个数学研究所，他麾下的数学精英们，有一大批都是知名的数学家。

陈省身对数学卓越的贡献，从他获得的荣誉和奖励中也得到了进一步的印证。例如 1975 年获得了美国总统颁发的美国国家科学奖；1984年获得了沃尔夫奖[①]，是有史以来唯一获得数学界最高荣誉沃尔夫奖的华人。

20 世纪的几何学方面，陈省身是一位里程碑式的人物，他被誉为"微分几何之父"。在他的前辈中，最有影响的人物有欧几里得、高斯、黎曼和嘉当，陈省身能与他们齐名，足见他在这方面的贡献之大。他对微分几何的贡献影响到了整个数学界，各门数学核心部分都有他的研究印记。

■ 鞠躬尽瘁，推进祖国数学的发展

1972 年，中美打破坚冰，翻开了新的一页。陈省身首次偕夫人回到阔别二十多年的祖国大陆。

1984 年，中国数学界恢复了同外界的交流。教育部聘请陈省身担任南开数学研究所所长，希望他帮助推动中国数学研究的发展。

陈省身主持数学研究所工作期间，举办了各种学术活动，1985 年

————————————

① 沃尔夫奖（Wolf Prize），是由以色列人 R. 沃尔夫（Ricardo Wolf，1881—1981）及其家族成立的沃尔夫基金会设立的奖项，1978 年开始颁发。奖励对推动人类科学与艺术文明做出杰出贡献的人士，分艺术、数学、物理、化学、农业、医学等奖项，每年评选一次。

陈省身夫妇与华罗庚夫妇

至 1995 年近十一年的时间，共举办了十二次学术年活动。陈省身认为
中国的数学发展，应"立足南开、面向全国、放眼世界"。在他的引领
和培养下，我国的数学研究得到了快速发展，许多青年数学家迅速成
长，成绩斐然，享誉海内外，极大地提升了我国在国际数学界的地位。

1992 年至 2004 年期间，陈省身以南开数学研究所名誉所长的身
份，继续努力推动着中国数学的发展。在努力推进中国科学家与国外学
术交流的同时，2002 年促成了第二十四届国际数学家大会在北京召开，
并被推选为大会名誉主席。

2004 年 11 月 2 日，国际小行星中心将一颗小行星命名为"陈省
身星"。

2004 年 12 月 3 日，陈省身逝世，享年九十三岁。人们深切缅怀
这位享誉世界的数学大师，追忆他为世界数学和中国数学做出的卓越
贡献。

2005 年 12 月 3 日，在陈省身先生逝世一周年之际，南开数学研究所
正式改名为"陈省身数学研究所"。

附录一

课本中的中国数学家简介

刘　徽

（225—295）

　　刘徽是中国古代杰出的数学家。他一生致力于数学研究和创作，注释的《九章算术》对我国传统数学的理论体系及发展做出了杰出贡献。

——

　　关于刘徽的生平事迹，史书上记载不多，只知道他出生于山东滨州邹平县，是三国时代的魏国人。他自幼就学习了系统总结我国先秦到东汉数学成就的著作《九章算术》，后来又在深入研究的基础上，为《九章算术》作注。

　　从他的著作中，我们不难看出，刘徽博学多才，谙熟诸子百家的思想，善于从中汲取营养，用于自己的数学创造。在研读注释《九章算术》时，既继承前人重视数学实际应用的传统，又不迷信古人，在全面论证了《九章算术》的公式、解法的同时，指出其中的错误和不精确的地方。在联系实际问题时，他思维开阔，抓住数学本质，对同一问题，他常从不同的角度去思考，给出几种不同的解法，极大地丰富了《九章算术》的内容。如极限思想的建立，从现存的中国古算著作来看，在西方微积分学传入中国之前，没有人超过他的水平。

二

《九章算术》原书分九章，二百四十六个例题。题的解法比较原始，也缺乏必要的证明。刘徽为《九章算术》作注，补充了自己创造性的研究成果，其中包括对不完整的公式和定理的逻辑证明，以及一些概念的严格定义。他的补充，使《九章算术》的知识体系更加完整。

在刘徽之前，古代数学小数一般都采用分数或命名制来表示，当小数位数增多时，计数很不方便。刘徽创造的十进分数计数方法，解决了无理根近似值的表示，他的这种表示方法与现代十进制小数表示的本质是相同的。所以，在世界范围内，他是最早提出十进制小数概念的人。

刘徽建立了包括通分、约分等各种运算及法则等在内的数系理论。

在代数方面，他明确给出了正负数的定义，阐述了正负数的意义，并给出了它们之间的运算法则。《九章算术》中，求线性方程组解的方法比较麻烦，他对这个方法做了改进，创立了互乘相消法，与现在的加减消元法一致，简化了求解的方法。有了这种数与式运算的理论基础，线性方程组解法也得到了极大的改进。另外，刘徽在深入研究《九章算术》的基础上，提出了比较系统的方程理论。

在几何方面，他创立了"圆术"，他认为当圆内接正多边形的边数越来越多时，这个正多边形的面积就越来越接近圆的面积，当圆的半径为1时，这种办法可以求得圆周率的近似值，他利用这种办法求出了圆周率π=3.1416。他的这种无限分割、逼近的方法，为圆周率的研究开辟了一片新天地，奠定了圆周率研究的理论基础，形成了计算圆周率完善的算法。在此后千余年来，中国圆周率计算在世界上一直处于领先地位。

另外，刘徽证明了《九章算术》中的许多几何公式和定理，在几何图形的面积、体积计算方面，建立了一套独特的理论。

三

《九章算术注》共十卷，其中第十卷原名为《重差》，虽然《重差》是作为《九章算术注》第十章附在最后的，其实是刘徽的独立著作。至唐朝初期，有人开始从《九章算术注》中将《重差》一章分离出来，单独成书，取名《海岛算经》。

《海岛算经》是中国最早的一部测量数学专著，集中体现了刘徽的重差理论。

重差理论起源于《周髀算经》的《日高图》。所谓重差，指的是用表尺重复从不同位置测望，取测量所得的差数，从而进行计算，求出不能实地测量的山高或谷深的方法。

刘徽对前人的重差理论进行了系统总结。全书由富有创造性和代表性的九个测量问题构成，详细介绍了高和距离的具体测量及计算方法，实现了对可望而不可即的目标的推算。计算中用到的主要方法是割补法和三角形的相似，这是中国数学求解的特色之一。西方是用平面三角知识解决这类问题的，而中国古代的重差理论起着和平面三角类似的作用。

《中国数学史大系》一书认为《海岛算经》使中国古代测量学达到登峰造极的地步。

祖 暅
(456—536)

祖暅是我国南北朝时期著名的数学家、天文学家。受其父亲祖冲之的影响，他继承和发展了父亲的研究成果，首次提出了著名的"祖暅原理"，巧妙地得到球的体积公式，并把它应用于解决一些复杂的几何体体积。

一

祖暅，字景烁，又名祖暅之。出生于范阳郡遒县（今河北省保定市涞水县），祖籍丹阳郡建康县（今江苏南京）。由于家学渊源，祖暅从小就对历法、数学有浓厚的兴趣。

从青年时期开始，祖暅便作为父亲祖冲之的助手，协助父亲编写《大明历》、推算圆周率、研制指南车，父亲的数学著作《缀术》，他也曾参与编辑。青年时代，祖暅就在天文学和数学方面有了很深的造诣，可以说，他是其父学术的继承者。

在父亲去世后，祖暅曾三次上书朝廷，建议采用父亲编制的更加精确的《大明历》，终于使父亲的遗愿得以实现。梁武帝天监年间决定采用《大明历》并颁行，这是继汉武帝时期《太初历》之后，中国实行的第二次重大历法改革。

祖氏为官宦世家，祖暅在梁朝也曾担任过员外散骑侍郎、太府卿、南康太守、材官将军、奉朝请等职务。

祖暅生活的南北朝时期是一个战争频仍、世事纷扰的年代，平静安稳作学术研究的环境几乎不存在。514 年，梁武帝为了抵御北魏进攻，淹没被北魏占领的寿阳城，欲在淮河上修筑浮山堰，知晓天文地理的祖暅被任命为工程负责人。动工之前，祖暅考察施工现场，感觉此处地质状况不宜建造大堰。他提醒梁武帝：沙土稀松，大堰若遭遇大水，必然倒塌，后果不堪设想！不过梁武帝求胜心切，不顾警示，仍下令开工，祖暅只能含泪领命。浮山堰筑成，寿阳城果然被淹。但也如祖暅担心的那样，一段时间后，因天降大雨，浮山堰崩塌，淮河沿岸十余万民众死于滔滔洪水中。负责工程的祖暅作为替罪羊锒铛入狱。十年后，出狱的祖暅投奔萧综（梁武帝之子）麾下，但不想，萧综投降北魏，祖暅再度陷入囹圄。

坎坷的人生经历让祖暅痛定思痛，已近晚年的他发愤著书，先后完成了目录学方面的著作《术数》及度量衡方面的著作《权衡记》。此外，祖暅还有《漏刻经》《天文录》等，但都没有流传下来。

二

祖暅原理，又名等积定理，是祖暅与其父祖冲之总结了魏晋时期著名数学家刘徽的有关研究提出的，即所谓"幂势既同，则积不容异"，意思是：等高的两立体，若其任意高处的水平截面积相等，则这两立体体积相等。

魏晋时期数学家刘徽在解释《九章算术》时，认为牟合方盖的体积与内接于其中的球的体积之比等于 $4:\pi$，因此只要求出牟合方盖的体积，就可以求出球的体积。可是刘徽当时并没有找出推导体积的途径。直到二百多年后，祖氏父子在《缀术》中提出："缘幂势既同，则积不容异"的祖暅原理，于是牟合方盖的体积计算就可以成功归结为正方体体积与四棱锥体积的计算，人们才终于可以求出牟合方盖的体积，进而推导出球的体积。

在西方数学发展中，球体体积的计算方法最早是由古希腊数学家阿基米德发现，而祖暅原理是在独立研究的基础上得出的，且涉及的问题更复杂。当然，至 17 世纪，意大利数学家卡瓦列里在其《用新方法促进的连续量的不可分量的几何学》一书中提出等积原理，才全面而系统地解决了有关面积、体积的计算问题。但那已经是一千一百年之后了。

秦九韶
（1208—1268）

秦九韶是南宋著名的数学家。他的《数书九章》继承和发展了秦汉时期的《九章算术》的精髓，综合概括了宋以前中国古代数学的研究成就，总结和发展了高次方程数值解法和一次同余组解法，提出了相当完备的"正负开方术"和"大衍求一术"，代表了中世纪世界数学发展的主流和最高水平。

一

秦九韶，字道古，生于普州安岳（今四川安岳县）一个官宦家庭，其父曾任职工部郎中及秘书少监。秦九韶生性敏慧，勤奋好学，少时就遍观群书，研习了大量古籍，并接触了诸多在天文历法和土木建筑领域的名师贤人。他曾拜一位精通数学的隐士为师，习得很多数学知识。经过一段时间的虚心求教和知识积累，秦九韶逐渐成为一位多才多艺、学识渊博的青年学者。

1231 年，秦九韶考中进士，先后在湖北、安徽、江苏、浙江等地做官。闲暇之余，他花了大量的时间和精力发展自己的兴趣，广泛搜集了历学、数学、星象、音律等领域的各种资料，并在搜集和学习的过程中逐渐形成了自己的很多独特的思考。

1244 年，母亲去世，秦九韶离任返回湖州。在为母亲守孝的三年时间里，他将自己多年研究《九章算术》的心得及其他领域的研究成果整理编辑，完成了超越《九章算术》的传世之作——《数书九章》。《数书九章》中最重要的两项成果是"正负开方术"和"大衍术求一术"，这是宋元时期具有世界领先意义的数学成就。

1261 年，秦九韶受奸臣打击被贬至梅州，几年后死于任所，享年六十一岁。

二

《数书九章》全书九章十八卷，内容丰富，涵盖范围广泛，上至历律、测候、天文、星象，下至建筑、水利、河道、运输，是了解当时社会政治和经济生活的重要参考文献。在数学方面，《数书九章》继承了中国古代数学侧重于实际应用的特点，总结了很多计算方法和简化计算的经验常数，其中很多到现在依旧具有一定的参考价值。同时，在许多地方又有自己的创新和发展。

正负开方术又称"秦九韶算法"，实际上是一套多项式求值问题的方法。一般情况下，如果想要求一个一元 n 次多项式的值，需要进行 $2n-1$ 次乘法运算和 n 次相加运算。在主要以人工计算为主的古代，乘法的计算难度当然要远大于加法，因此精简乘法运算次数对于简化一元 n 次多项式的运算过程有着非常大的作用。秦九韶在前人研究的基础上，通过多项式的变形重组，并反复进行正、负数运算，便可以将一个需要繁杂乘法运算的 n 次多项式求值简化为 n 个一次多项式的求值问题。

大衍术又称大衍法，是已知一组除数和余数求被除数的问题。大衍问题源于魏晋时期的《孙子算经》，是中国古代一个著名的"物不知数"的题目。对应现代数学，其核心就是现代数论中求解一次同余式方程组的完整程序。如 9 除以 5 余 4，14 除以 5 也余 4，9 和 14 对 5 来说便是同余的。含有同余关系的式子叫同余式，同余式和方程式一样，可以分为一次、二次、三次等等，几个同余式联立，就成为同余式组。

秦九韶在《数书九章》中对此类问题的解法做了系统论述，发明了一套普遍适用的完整程序，可以求出此类问题的准确答案，并称之为"大衍求一术"。他的这一方法，是中世纪世界数学的成就之一，被西方称为"中国剩余定理"。而德国数学家高斯的同余理论的形成则是在 19 世纪初。

此外，秦九韶对任意次方程与一次方程组解法、求三角形面积等方面也有突出的贡献。

秦九韶学识渊博，是一位多才多艺的学者，他的《数书九章》是中国古代数学史也是世界数学史上光彩夺目的一页。清代著名学者陆心源称赞说："秦九韶能于举世不谈算法之时，讲求绝学，不可谓非豪杰之士。"

杨 辉
（13 世纪中后期）

　　杨辉是中国南宋时期著名的数学家和数学教育家。他改进和发展了我国古代筹算的乘除计算技术，继承和发扬了我国古代数学密切联系实际的优良传统，一生致力于数学教育和数学普及，为数学教育的发展做出了突出贡献。

一

　　杨辉，字谦光，钱塘（今浙江杭州）人。其生卒年月和生平事迹均无从详考，根据其著述的内容推断，大约生活在 13 世纪中后期的南宋，曾做过地方官。杨辉的足迹遍及苏杭一带，多年从事数学研究和数学教育工作，在东南一带较有名。杨辉一生著作颇丰，撰写了《详解九章算法》《日用算法》《乘除通变本末》《田亩比类乘除捷法》等许多重要的数学著作。他的著作重视理论联系实际，深入浅出，便于初学，是优秀的教科书。尤其在 1274 年所著的《乘除通变本末》一书中，他针对初学者整理了一套"习算纲目"，全面展示了杨辉的数学教育思想和方法，在中国数学教育史上具有非常高的价值。

　　杨辉生活的时代，手工业和商业已经有了较大发展，商人和百姓的生活都需要用到数学计算。社会对算术的需求引起了杨辉的重视，他在前人的基础上，进一步发展了乘除捷算法，总结出了"相乘六法""乘算加法五术""除算减法四术"等，让乘除运算更加便捷化和简单化，提高了运算速度，也提高了运算准确率。同时，他完善了增成法（归除法的前身）的运算方法和适用范围，概括了简便的计算规律，提出了一些实用性很强的口诀，因而也在客观上促进了运算工具的改革，算盘的应运而生便说明了这一点。

二

杨辉对幻方也做过深入的研究，他是第一个讨论幻方的构成规律，并依据规律排出多种多样幻方的数学家。

幻方又称纵横图，一般为方形，行数与列数相等，各行各列的数字之和也相等。纵横图有几行，就称为几阶。中国最早的纵横图是汉代三阶的九宫图，每行每列及对角线的数字之和均为 15。九宫图因其玄妙的性质而笼罩了一层神秘的色彩，在杨辉之前，并未引起数学家们的关注。杨辉经过孜孜不倦的深入研究，最终搞明白了这些图的构造规律。1275 年，杨辉把对幻方的研究成果写进《续古摘奇算法》一书中，并提供了四阶至十阶的纵横图十三幅，如五五图（五阶）、六六图（六阶）、衍数图（七阶）、易数图（八阶）、九九图（九阶）、百子图（十阶）等。不仅如此，杨辉还突破了纵横图形状的限制，将原本单一的正方形扩展为多种不同形状。自杨辉以后，明清两代的算家关于纵横图的研究沿继不断，使纵横图成为一种经久不衰的数学游戏。

1261 年，杨辉在他所著的《详解九章算法》一书中，引用了 11 世纪中叶贾宪所撰写的《释锁算术》的三角形数表——"开方作法本源图"。此表后来人们习惯地称它"杨辉三角"。

杨辉三角是二项式系数图形化的一种表现，其主要特征是：在外层的两条斜边全部由数字 1 组成，中间的数等于其肩上的两个数之和。二项式定理与杨辉三角是一对天然的数形趣遇，它把数形结合带进了计算数学。杨辉三角是我国古代数学的伟大成就之一。

由于杨辉的著作广泛征引了许多数学典籍和当时流行的算书，因而中国古代数学的一些杰出成果，比如刘益的"正负开方术"、贾宪的"开方作法本源图""增乘开方法"，才得以保存下来，令我们知晓。

此外，杨辉继沈括之后对垛积术也做了进一步研究，提出了新的垛积公式，极大地丰富了数学理论。

杨辉一生治学严谨，教学一丝不苟，数学成果对后世影响很大。后人将他和秦九韶、李冶、朱世杰并称为"宋元数学四大家"。

朱世杰
（1249—1314）

朱世杰是元代著名的数学家和教育家。他在全面继承前人数学成就的基础上，进行了创造性的发展，使我国古代数学达到了一个新的高度，形成宋元时期中国数学的最高峰，尤其是他解决多元高次方程的"四元术"，成为中世纪最杰出的一项创造。

一

朱世杰，字汉卿，号松庭，燕山（今北京附近）人。元统一中国后，曾以数学家的身份周游各地二十余年，向他求学的人很多。他曾到扬州讲学，传授数学知识，并挂出招牌，上书："燕山朱松庭先生，专门教授四元术"，一时"踵门而学者云集"。

从唐宋时期开始，经济和文化重心逐渐南移至长江中下游一带，至元代，江南地区的农业、手工业、商业和城市建设等都获得了较大的发展。中国古代数学的简化筹算在传统的基础上也进入繁荣的时期，日用和商用的应用数学普及程度不断提高，当时社会上"尊崇算学，科目渐兴"，数学著作广为传播，宋代至元代成为中国古代数学发展的黄金时期。作为宋元数学四大家之一的朱世杰，具有举足轻重的地位。

朱世杰是一位博采众长的数学家，他全面继承了前人的数学成果，吸收了北方的天元术（利用未知数列方程的一般方法）和南方的正负开方术及各种日用算法、通俗歌诀，将南北数学融会贯通，并在此基础上进行创造性研究。在定居扬州之后，他将游历所得的成果于1299年和1303年刊刻为两部数学著作——《算学启蒙》和《四元玉鉴》。

《算学启蒙》共三卷，成书于元大德三年（1299）。全书分为二十门，收录了二百五十九个数学问题。全书由浅入深，通俗易懂，从一位数乘法，一直讲到当时的最新数学成果——开高次方和天元术，形成一个完整体系。书中首先给出十八条常用的数学歌诀和数学常数，包括了乘法九九歌诀、归除歌诀、斤两化零歌诀、筹算记数法则、大小数进位法、度量衡换算、圆周率、正负数加减、乘法法则、开方法则等，以便人们学习和日常使用。其中的正负数乘法法则不仅在中国，在全世界范围内也是首创；其归除口诀直到现在，依然在珠算中使用。

《算学启蒙》几乎囊括了当时数学各个方面的内容，是一部非常理想的数学教科书，也是一部易于普及的数学启蒙读物，清代扬州学者罗士琳赞誉《算学启蒙》"似浅实深"。《算学启蒙》曾传至朝鲜、日本等国，出版过翻刻本和注释本，在东亚都有一定的影响。

二

朱世杰的另一部著作是《四元玉鉴》，是他多年研究成果的结晶，也被认为是中国古代数学中最重要的一部著作。全书共分为三卷，二十四门，二百八十八问，主要记述了他在四元术、垛积术、招差术的研究和成果。

所谓四元术，即近世多元高次方程组的分离系数表示法。在四元术的研究中，朱世杰把四元一次联立方程的解法推广至四元高次，创造了一套完整的消未知数方法，称为四元消法。这种方法的运算步骤虽然限于当时的计算工具，略显繁复，但他的解题思路条理清晰、步骤井然，充分展现了中国古代的数学智慧和筹算代数方面的先进水平。

垛积术也称隙积术，是一个高阶等差级数求和问题。北宋著名科学家沈括在其《梦溪笔谈》中已提及，此后一直有人研究高阶等差级数求和的问题。朱世杰在《四元玉鉴》中将一系列新的垛形的级数求和做了进一步研究，从中归纳出"三角垛"问题系统而普遍的解法，最后研究了更加复杂的垛积公式和它们在实际问题中的其他各方面应用，这在当时是非常难得的突破。

朱世杰掌握了"三角垛"公式后，将其应用到招差术中。所谓招差术，即高次内插法，是现代计算数学中一种常用的插值方法。中国古代天文学中已应用一次内插法，隋唐时期又创立了等间距和不等间距二次内插法。朱世杰发现了垛积术与内插法的内在联系，利用垛积公式推导出一般的内插公式，并进一步解决高阶等差级数的求和问题。朱世杰所发现的公式与后来的牛顿插值公式在形式上和实质上都是完全一致的。

《四元玉鉴》是一部成就辉煌的数学明珠，是世界数学宝库中不可多得的瑰宝，朱世杰集宋元数学之大成，是中国古代数学的顶峰。

美国著名科学史家、被誉为"科学史之父"的乔治·萨顿(George Sarton，1884—1956)曾经高度评价朱世杰和他的《四元玉鉴》，认为朱世杰"是贯穿古今的一位最杰出的数学家"，《四元玉鉴》"是中国数学著作中最重要的一部，同时也是中世纪最杰出的数学著作之一"。

李善兰
(1811—1882)

李善兰是中国近代著名的数学家、翻译家，近代西方数学在中国传播和研究的奠基人。通过翻译，他把西方的高等数学及自然科学书籍介绍到中国，极大地促进了中国近代科学的发展。

一

李善兰，原名李心兰，字竟芳，号秋纫，别号壬叔。1811年出生于浙江海宁一个书香世家，自小受到良好的家庭教育。九岁时，李善兰在父亲藏书中发现了一本《九章算术》，他仅靠书中的注解，便解出了书中的四百二十六个应用题，从此便迷上了数学。十四岁，他开始自学明末徐光启与传教士利玛窦合译的欧几里得《几何原本》前六卷。《几何原本》重视公理化数学演绎和逻辑推理的内容，打开了他的视野，加深了他对数学的理解。

由于李善兰平时偏爱数学，并不热衷科举考试，自然名落孙山的结果反倒成了一种解脱。自此，他更加专注于数学的学习和研究，并结交了江浙一带的学者和数学家，与他们相互切磋数学问题。这为后来李善兰取得的数学成就打下了坚实的基础。

1845 年前后，李善兰在嘉兴设馆授徒，同时，完成了关于"尖锥术"的著作《方圆阐幽》《弧矢启秘》《对数探源》。不久，他又撰写了《四元解》《麟德术解》等。

1852 年夏，李善兰到上海将自己的数学著作给来华的外国传教士展阅。受到伟烈亚力（Alexander Wylie，1815—1887）等人的赞赏，从此开始了他与外国人合作翻译西方科学著作的生涯。李善兰与伟烈亚力翻译的第一部书就是欧几里得《几何原本》的后九卷。

1866 年，清廷在京师同文馆内添设了天文算学馆，李善兰被推荐担任天文算学总教习，直至 1882 年去世。李善兰在京师同文馆从事数学教育十余年，审定了《同文馆算学课艺》《同文馆珠算金蹄针》等数学教材，为近代中国培养了一大批数学人才，成为中国近代数学教育的鼻祖。

二

今天，我们耳熟能详且沿用至今的许多数学用语，如代数、函数、常数、变数、微分、积分、几何、椭圆、级数、点、多项式等，都是李善兰在翻译西方数学著作的过程中创造的专有名词。这些词汇不仅在中国流传，甚至远传至日本。

而且，李善兰所创立的二次平方根的幂级数展开式、各种三角函数及反三角函数和对数函数的幂级数展开式，更是 19 世纪中国数学界最大成就。具体而言，李善兰的数学研究成果主要表现在尖锥术、垛积术和素数论等方面。

尖锥术是李善兰创立的一种独特的计算面积、体积的几何方法，是用求各夹锥之和的方法来解决各种数学问题，实际上已初步得出了有关定积分公式。尖锥术理论主要体现在他早期的《方圆阐幽》《弧矢启秘》《对数探源》三种著作中，当时解析几何与微积分学尚未传入中国，因而成为带有中国特色的微积分方面的创新研究成果。

垛积术理论主要见于李善兰 1859 年至 1867 年完成的《垛积比类》中，这是一部有关高阶等差级数的著作。他从研究中国传统的垛积问题入手，取得了一系列相当于现代组合数学中的成果，这其中就包括"李善兰恒等式"。这是数学史上，第一次以中国人的名字命名的定理、公式。

李善兰的《考数根法》发表于 1872 年，是中国素数论方面最早的著作。在判别一个自然数是否为素数时，李善兰证明了著名的费马素数定理，并指出了它的逆定理不真。

除了卓越的数学成果，李善兰还通过与各国传教士的合作，翻译了大量的西方科学著作，将西方的代数学、解析几何、微积分、天文学、力学、植物学等近代科学首次介绍到中国，极大地促进了近代科学在中国的传播。

李善兰学贯古今，融中西数学于一堂，是 19 世纪我国最重要的数学家，他的数学成就在中国近代科学史上具有十分独特的地位，在数学研究与翻译、传播西方科学知识的贡献具有里程碑的意义。

华罗庚
（1910—1985）

华罗庚是著名的数学家，中国近代数学的奠基人。在解析数论、矩阵几何学、典型群等多方面的研究成果都是开创性的。他开创的"中国解析数论学派"在国际上颇具盛名，为发展中国数学做出了杰出贡献。

一

1910 年，华罗庚出生在江苏常州金坛区一个贫寒的家庭。十二岁小学毕业后，他进入县立初中金坛中学学习。此时，他遇到了生平第一位恩师——王维克老师。王老师发现他在数学上经常有独特的见解，虽然数学作业潦草，经常涂涂改改，但在每一次涂改处，都能看出他的一些新想法。王老师爱护学生的天赋，常常借书给华罗庚，精心培养他对数学浓厚的兴趣。

因家庭贫困，初中毕业后，华罗庚去上海中华职业学校读书。学校虽然免了他的学费，但他终因不能按时缴纳杂费和住宿费，中途还是被迫辍学了。回到家中的华罗庚一边帮父亲料理杂货铺，一边坚持自学。当王老师听到自己的学生没有荒废学业，仍坚持自学，便给予华罗庚许多帮助。

华罗庚用了五年时间完成了高中和大学低年级的全部数学课程的学习。1929 年冬，他不幸染上伤寒病，左腿落下了终身残疾。十九岁的华罗庚没有自暴自弃，而是更加刻苦勤奋地学习，晚上经常在油灯下自学到深夜。同年，他被金坛中学聘为事务员，并开始在上海的《科学》等杂志上发表数学论文。

1930 年的一天，清华大学数学系主任熊庆来（1893—1969）在《科学》杂志上，看到华罗庚写的《苏家驹之代数的五次方程式解法不能成立之理由》的文章，觉得文章作者是一个难得的人才。熊庆来通过调查，了解到华罗庚坚持自学的背景后，很是感动，破格录取了他，让他先担任清华大学图书馆馆员。

华罗庚为了及时、全面了解国外数学研究的动态，自学了英语、法语、德语和日语，并在国外杂志上发表了三篇论文。不久，华罗庚被破格提升为助教，后来又担任了讲师。

1936 年，经清华大学推荐，华罗庚作为访问学者前往英国剑桥大学学习。在国外学习期间，是华罗庚人生的第一个学术高峰，他先后发表了十多篇论文。他的研究成果，引起了国际数学界的高度关注。

抗战期间，他毅然回国到西南联大任教，继续钻研数学。在这期间，他发表二十多篇论文，并用八个月的时间完成了著作《堆垒素数论》。《堆垒素数论》是华罗庚的第一部经典的数论专著，被翻译为多个国家的语言出版。

1946 年，华罗庚出访美国普林斯顿高等研究院，并在伊利诺伊大学担任教授。中华人民共和国成立后，华罗庚回国，被聘任为清华大学数学系主任。1952 年，中国科学院数学所成立，华罗庚被任命为第一任所长。

1985 年 6 月，华罗庚应邀去日本东京大学做学术报告，因心脏病突发，他倒在了讲台上。中国数学界的巨星陨落了。

二

华罗庚是中国解析数论、矩阵几何学、典型群、自守函数论与多元复变函数论等多方面研究的创始人和开拓者，也是在世界上具有影响力的中国数学家。

华罗庚在 20 世纪 40 年代就解决了高斯完整三角和的估计这一历史难题，得到了最佳误差阶估计，此结果在数论中有着广泛的应用。

此后，又证明了一维射影几何的基本定理；给出了体的正规子体一定包含在它的中心之中这个结论的一个简单而直接的证明，这一证明被称为嘉当-布饶尔-华定理；对哈代（Godfrey Harold Hardy，1877—1947）与李特尔伍德（John Edensor Littlewood，1885—1977）关于华林（Edward Waring，1736—1798）猜想及赖特（Edward Maitland Wright，1906—2005）关于塔里问题的结论做了重大改进。

1940 年，华罗庚完成了《堆垒素数论》这部堪称 20 世纪经典数论著作的写作。在书中，他系统地总结、发展与改进了哈代与李特尔伍德圆法、维诺格拉多夫三角和估计方法，并提出了他本人的观点与方法。国际性数学杂志《数学评论》曾高度评价说："这是一本有价值的、重要的教科书……这本书清晰而深入浅出的笔法也受到称赞，推荐它作为那些想研究中国数学的人的一本最好的入门书。"

华罗庚的另一部数学专著《多个复变典型域上的调和分析》以精密的分析和矩阵技巧，结合群表示论，具体给出了典型域的完整正交系，从而得出了柯西与泊松核的表达式，在国际上有着深远的影响。

华罗庚把一生都奉献给了数学。他的研究成果被国际数学界广泛承认。一百多篇学术论文和经典的十部巨著，向世人展示了华罗庚拼搏的一生。以华氏命名的数学科研成果如"华氏定理""怀依-华不等式""华引理""华算子"，得到了国际社会的广泛赞誉。

华罗庚被芝加哥科学技术博物馆列为当今世界八十八位数学伟人之一。

吴文俊
（1919—2017）

吴文俊是中国著名的数学家，其主要成就表现在拓扑学和数学机械化两个领域。他在拓扑学方面的研究成果，至今被国际同行广泛引用，影响深远。根植于中国古代数学的思想精髓，吴文俊提出了用计算机证明几何定理的方法，在国际上称为"吴方法"。

一

1919 年，吴文俊出生在上海一个书香门第的家庭，四岁便在弄堂里的小学读书。

高中时，吴文俊喜欢历史，对物理也有浓厚的兴趣，从没想过会当一位数学家。高三那年，他获得了难得的保送资格，虽然他的物理成绩最为出色，但慧眼识人的物理老师却没有挽留他，而是执意推荐他去学数学专业。这时，吴文俊也有所顿悟，意识到自己物理成绩之所以出色，原因在于数学功底扎实，于是他被保送到了上海交通大学数学系，从此，吴文俊与数学结下了不解之缘。

在上海交通大学数学系学习期间，吴文俊自学了与实变函数论有关的经典著作，后来又对康托尔集合论与点集拓扑进行了钻研，这些都为他后续的数学研究奠定了坚实的基础。

1940 年大学毕业后，吴文俊开始教学生涯。1946 年他进入中央研究院数学所，在数学大师陈省身的指导下，对拓扑学进行了深入研究。1947 年，吴文俊赴法国斯特拉斯堡大学，在埃里斯曼与嘉当指导下留学深造。两年后，吴文俊博士毕业，来到法国国家科学中心，做研究员工作。

1949 年中华人民共和国成立后，吴文俊辗转回到祖国，在北京大学数学系任教授。此后他在中国科学院新成立的数学研究所任研究员。中国科技大学成立后，吴文俊在数学系担任授课教学工作。1979 年 10 月，中科院创建系统科学研究所，吴文俊任研究员并担任系统所副所长之职。

吴文俊曾获得首届国家自然科学一等奖、陈嘉庚科学奖和首届国家最高科学技术奖。

二

拓扑学是现代数学的一个主要研究领域，也是许多数学分支的基础。自 1946 年起，吴文俊就对拓扑学进行研究，并在示性类和示嵌类领域取得了一系列重大成就。

示性类是拓扑学的一个分支，是一般向量丛结构的基本不变量，具有不可缺少的重要性，示性类理论是瑞士数学家施蒂费尔（Eduard Ludwig Stiefel）和美国数学家哈斯勒·惠特尼（Hassler Whitney，1907—1989）于 20 世纪 50 年代前后开始重点研究。因为刚刚起步，此时对于示性类的计算有着相当大的困难。在前人研究的基础上，吴文俊大胆引入了一类新的示性类（后被称为"吴示性类"），不仅对各种示性类之间的关系进行了准确描述，而且还包含各种示性类的计算方法，使得示性类概念由繁化简，由难变易，形成了系统的理论，被称为"吴公式"。"吴公式"使示性类理论成为拓扑学中完美的一章，从中可拓展出很多领域的一系列重要应用。

嵌入理论也是拓扑学中最基本的问题之一，它主要研究复杂几何体在欧氏空间的实现。在吴文俊之前，嵌入问题研究只有零散的结果，没有可喜的进展，更缺少界内公认的、统一的嵌入理论。1954 年，吴文俊开始非同伦性拓扑不变量的研究，在总结、整理前人零散结果和大量的理论研究基础上引入示嵌类问题，开展复合形嵌入、浸入与同胚的研究。提出"吴示嵌类"等一系列拓扑不变量，终于使嵌入理论得到了统一。吴文俊将示嵌类的成果用于电路布线等实践中，并给出新的判定方法和准则，这些方法和准则不仅可定性描述，而且可定量计算。

吴文俊的研究极大推进了拓扑学的发展，使拓扑学更加统一和系统。后来拓扑学领域许多重大成果，或是从吴文俊的研究中得到启发，或者直接在吴文俊的成果上进行进一步研究得出的。

目前，"吴示性类""吴公式"已经成为经典理论，纳入了拓扑教材。数学家陈省身对吴文俊的数学成就大加赞赏，认为他"对纤维丛示性类的研究具有划时代贡献"。

三

吴文俊在数学领域的另一个贡献是对中国古代数学成就的发掘和研究。吴文俊发现，直到 14 世纪，中国一直是名副其实的数学强国。中国古代数学家在代数学、几何学、极限概念等方面都做了大量研究，中国传统数学既有丰硕的成果，也有系统的理论。中国长期闭塞的环境使西方学者对中国数学了解甚少，很多辉煌成就没有被承认。为此，吴文俊做了大量整理和研究的工作，起到了正本清源的作用。

复原魏晋时期著名数学家刘徽《海岛算经》中的公式并进行证明，便是吴文俊研究中国数学史中一个非常有代表性的工作。

《海岛算经》原作有注有图，但如今已经失传，整部算经只剩九题，且没有证明。后人曾多次给出公式证明并力求复原刘徽在其中提出的两个关于海岛的基本公式，这些证明甚至用了相似形或其他后世才出现的代数论证方法。吴文俊认为这些论证不符合中国古代几何学的原意，颠倒了历史。针对中国数学史研究的误区，吴文俊提出了两条重要的基本原则：

（1）所有结论应该从侥幸留传至今的原始文献中得出来；（2）所有结论应按照古人当时的思路去推理，即只能用当时已知的知识，利用当时可用的辅助工具，古代文献中完全没有的东西应避免使用。

这两条原则表达了对历史事实的尊重，吴文俊据此开始对《海岛算经》中的公式证明展开复原工作。他在研究了刘徽的诸多著作之后，将刘徽常用的方法高度概括为"出入相补原理"。吴文俊认为无论在中国古代算术还是现代数学中，"出入相补原理"都有非常巧妙的运用，它的基本思路是：无论是平面图形还是立体图形，都可以通过切割分成有限多块，将这些分割而成的有限多块小图形，进行移动并重新再组合，形成一个新图形，分割前后的两图形面积或体积保持不变。利用这个看似"常识性"的原理，能够得出许多意想不到的结果。

吴文俊的"出入相补原理"是中国数学史研究中的一项重要成果。

附录二

课本中其他科学家简介

花拉子米

(al–Khwarizmi，约 780—约 850)

阿尔·花拉子米是波斯著名的数学家、天文学家、地理学家，代数与算术的创立者，被西方史学家誉为"伊斯兰世界最伟大的穆斯林科学家之一"。1973 年世界天文联合会以他的名字命名了月球上的一处环形山。

一

大约在 780 年，花拉子米出生于阿拉伯帝国大呼罗珊地区的花剌子模（今天的乌兹别克斯坦的花剌子模州），他起初居住在现在的土耳其地区，后来他到过阿富汗、印度等地。在阿拔斯王朝时期，哈里发马蒙邀请他来当时的学术中心巴格达工作，担任著名的综合性学术中心"智慧馆"的首席天文学家。此后他便并定居在那里。

花拉子米在从事数学研究、天文观测等工作的同时，大量收集、整理、翻译以古希腊、印度为代表的东西方科学技术及著作，涉猎的领域比较宽泛，极大地促进了当时科学文化的发展。马蒙去世后，在后继的哈里发时期，花拉子米一直在巴格达从事他钟爱的事业，直至约公元850年逝世。

现在，花拉子米的很多数学著作都无从考察，但是，他最有名的著作当属《还原与平衡计算简书》（简称《代数学》）和《印度数字算术》（简称《算术》）。这两部著作代表了花拉子米在古典数学方面做出的突出贡献。

二

代数是数学的分支，也是数学中最基础、最重要的分支之一。它不仅是人们学习数学入门知识的基础，也是现代数学分支发展的基础，它经历了漫长的发展过程。

820年，花拉子米整合了古希腊和印度数学的相关知识，用阿拉伯语完成了《代数学》。该书颠覆了人们对数字的理解与认识，让数字从单一定量的计量单位升华为拥有不同变量的方程式，开创性地将代数学与几何学划分成两个不同的独立学科，在整个数学史上具有极其重要的意义。花拉子米在《代数学》中给出了一次方程、二次方程的一般解法，推导出二次方根的计算公式，他提出的"还原""对消"等变形法则，沿用下来，就是我们今天提到的移项与合并同类项的概念；同时，他还解释了代数、根、无理数等许多概念；书中包含近八百个实例，涉及遗产继承、财产分割、法律诉讼及商业经营等，都是人们日常生活中经常遇到的现实问题。花拉子米运用这些实例解释、验证了自己的研究。

花拉子米的另一部著作是《算术》，该书的阿拉伯语原本没有保留下来，现存版本为拉丁文译本。这本书引入了印度数字(即1、2、3、

4、5、6、7、8、9、0，被欧洲人称为阿拉伯数字并沿用至今），替代了用字母及符号表示数字的方法，使算术得到了发展；同时，书中介绍了进制计数法和各种计算方法；在十进制计数法中，他提到了最基本的加、减、乘、除概念以及简分数、六十进制分数、平方根的计算等。

12世纪，《代数学》被翻译成拉丁文，连同阿拉伯数字一并传入了欧洲。欧洲主流大学在此后的五百多年都选用《代数学》作为标准数学教材。《算术》一书辗转传到欧洲之后，对于数学的发展意义重大。现在英文"算法"（algorithm）的词根，就是花拉子米人名的拉丁文音译。

除了数学方面的杰出贡献外，花拉子米在天文历法、地理、历史等许多领域也有重要贡献。他的重要著作《诸地理胜》，是基于托勒密的《地理学指南》而作，列出了地理坐标，并新增了地中海、亚洲及非洲方面的内容；他曾参与测量地球圆周的计划，为哈里发马蒙制作世界地图；他还著有记录星盘和日晷等机械设备的文献。在历史方面，花拉子米是最早用阿拉伯文撰写历史的人，其《历史书》有部分留存至今。

花拉子米的著作被译成拉丁文后，对欧洲近代科学的发展产生了积极影响。

巴塔尼

（al-Battani，约 858—929）

　　巴塔尼是阿拉伯的天文学家和数学家，一生热衷于天文观测和研究，为天文历法和球面三角学的发展做出了突出贡献。

　　巴塔尼出生于美索不达米亚西北的哈兰城（Charan）一个仪器制造世家，受其父亲的影响，他从小就喜欢天文学，并对天文仪器很感兴趣。青年时代，巴塔尼到巴格达的天文台学习，在那里研读了著名天文学家托勒密的著作，并接触到当时较为精密的天文观测仪器。通过观测，巴塔尼发现了托勒密《天文学大成》中的一些错误，比如太阳距离地球最远点的距离是变化的，不是托勒密所说的固定不变。同时，他精确地测定了年长度、周年岁差和黄赤交角，编制了更为精准的日月运行表，制造了新型的浑仪。巴塔尼所确定的回归年长度为 365 天 5 小时 46 分 24 秒，成为七百年后格里高利十三世（Pope Gregory XIII，1502—1585)改革历法的基本依据，并最终形成今日的公历。

　　天文学与三角学有着密不可分的联系。通对天文学的观测与研究，巴塔尼发展了球面三角学，提出了球面三角的余弦定理。他还大量采用代数方法处理三角学问题，为球面三角形引进了一套巧妙的新解法。

巴塔尼撰有长达五十七章的巨著《萨比历数书》(翻译成拉丁文时,被更名为《论星的科学》)内容涉及当时天文学的各个方面。对欧洲的天文学和数学产生了巨大的影响。这本书是巴塔尼历时四十年精密观测天文的结果,所以可靠程度非常高。在后世的天文研究中,他的成果曾被哥白尼、开普勒、伽利略等人作为继续深入研究的参考文献。

在《论星的科学》中,巴塔尼用三角学取代了传统的几何计算,他还创立了系统的三角学术语,如正弦、余弦、正切、余切等。巴塔尼在测太阳仰角时,曾把一根表尺竖在地上,求日影的长度,这一阴影叫作"直阴影";把表尺水平地插在墙上求其投到墙上的阴影,称为"反阴影",这就是正切和余切的初步引入。

斐波那契
(Leonardo Pisano Bigollo,1175—1250)

斐波那契数列充满了无穷的魅力,一直以来,受到了人们广泛的关注。它是由 13 世纪意大利数学家莱昂纳多·斐波那契在他的《计算之书》中提出来的。斐波那契数列对中世纪欧洲商业数学革命、算法化数学发展,以及数学教育变革等众多领域产生了广泛的影响,对欧洲数学知识的传播起到了重要作用。

一

关于斐波那契生平的详细情况，历史文献记载得不多，只知道，1175 年他出生于意大利的比萨，早年跟随经商的父亲到达过北非的布日伊（今阿尔及利亚东部的小港口贝贾亚），在协助父亲工作的同时，他在那里接受了当地的教育，由于阿拉伯数字比罗马数字在使用上更加清晰有效，所以他拜师学习阿拉伯数字，掌握了阿拉伯的十进制。后来他曾到埃及、叙利亚、希腊、法国等地游历，熟悉了不同国家的商业算术体系。

1200 年前后，斐波那契回到比萨，开始潜心于数学，他将所学的知识写进了《计算之书》（或叫《算盘书》）。这本书影响并改变了欧洲数学的发展进程。

12 世纪，欧洲的翻译家们开始大量翻译希腊和阿拉伯文献，其中包括数学文献。这些数学文献使欧洲人更多地了解了希腊和阿拉伯的数学研究状况，为欧洲的数学发展奠定了基础，初等数学在欧洲得到了一定的发展，斐波那契就是那个时期研究初等数学最为出色的数学家。

二

斐波那契的《计算之书》，涵盖了一千多年算术、代数、几何等方面的知识，内容丰富，引人注目，具有多种数学文化和多种传播方式相互交融的特点。斐波那契以欧几里得数学理论为基础，以解答为目标，注重问题求解。书中通过数字在记账、重量计算、利息、汇率和其他方面的应用，介绍了如何用阿拉伯数字进行加、减、乘、除的计算和解题，凸显了新的数字系统的实用价值。另外，书中还包括趣味数学问题，充满了丰富的想象力，并且解答方法独特，展示了数学特有的魅力。

《计算之书》一书，存有与中国古代数学中相似的实用算题，如追及问题、排水问题、经商问题、百鸡问题、剩余问题等。对于这些问题的探索研究，有助于展开对中国古代数学在欧洲传播和影响的研究。

斐波那契的其他数学著作中，《几何实践》着重叙述了希腊几何与三角术；《平方数书》专门论述了二次丢番图方程问题；《花朵》的内容多为宫廷数学竞赛问题。

斐波那契在他的《计算之书》中提出了一个有趣的兔子繁殖问题。一般而言，兔子在出生两个月后，就有繁殖能力。如果每对兔子（一雄一雌），每个月能生出一对小兔子，小兔子也是一雄一雌（下同），假定这些兔子都没有死亡，那么一年以后可以繁殖多少对兔子？

这个问题的解释如下：第一个月只有一对兔子；第二个月仍然只有一对兔子；第三个月这对兔子生了一对小兔子，共有 2 对兔子；第四个月最初的一对兔子又生一对兔子，共有 3 对兔子；那么从第一个月到第十二个月兔子的对数构成的一列数为：1，1，2，3，5，8，13，21，34，55，89，144，…

后人为了纪念斐波那契，将兔子繁殖问题这个有趣的数列称为斐波那契数列，学术界又称之为黄金分割数列，它体现了大自然的演化规律。

自然界中树木的生长，植物的花瓣、叶子、花蕊的数目等问题都和斐波那契数列有关。在现代物理、准晶体结构、化学、股市等领域，斐波那契数列都有直接广泛的应用。斐波那契数列体现了自然和数学的完美结合，从它被发现至今，人们对其研究的热情经久不衰。

雷格蒙塔努斯

（Regiomontanus Johannes，1436—1476）

众所周知，三角学一开始并不是一门独立的学科，它是依附于天文学而存在的。德国数学家、天文学家雷格蒙塔努斯首次系统地从数学角度对三角学进行了研究，将它从天文学中独立出来，成为数学重要分支，使三角学在欧洲得到了复兴和进一步发展。

一

1436 年 6 月，雷格蒙塔努斯出生于柯尼斯堡（今为俄罗斯加里宁格勒），小时候他接受的教育主要来自家庭。十二岁之后，他去莱比锡大学继续学习、深造，十五岁又进入维也纳大学，跟数学家和天文学家波伊巴赫（Georg von Peurbach，1423—1472）学习天文学。

1457 年 11 月，雷格蒙塔努斯受聘在维也纳大学担任教师，他和波伊巴赫既是师生关系又是同事关系。雷格蒙塔努斯非常感恩老师的帮助和栽培，随着时间的推移，他们建立了深厚的友谊。正是波伊巴赫的爱才、惜才，影响了雷格蒙塔努斯一生的发展方向。

雷格蒙塔努斯一边教书，一边从事天文学研究。他从行星理论入手，没用多长时间，就掌握了托勒密的天文学说，并对算术、三角学、几何学也进行了深入学习和研究。

1460 年，经波伊巴赫介绍，雷格蒙塔努斯结识了罗马教皇使节贝萨里翁（Basilios Bessarion，1403—1472），同时他通过各种活动和渠道，认识了许多熟悉希腊文的学者，并开始收藏拉丁文和希腊文的珍本图书。雷格蒙塔努斯的学识功底更加扎实，这为他以后的数学研究和翻译托勒密、阿基米德等科学家、数学家的著作打下了良好的基础。

三角学在欧洲的发展经历了漫长的过程。早在古希腊时期，由于天文学研究和航海的需求，人们就已经开始研究球面三角形和平面三角形。在亚历山大时期，托勒密曾系统地研究过三角学，他编纂的《天文学大成》被称为天文学和数学的百科全书。到 15 世纪末期，托勒密的思想在天文学界仍然占主导地位，影响着天文学的发展。

贝萨里翁曾劝说波伊巴赫把《天文学大成》缩写、翻译成拉丁文出版，使之简明扼要，通俗易懂。波伊巴赫欣然接纳了这个建议。可是，《天文学大成》的翻译工作刚过半，三十七岁的波伊巴赫便不幸去世。临终前，他把自己翻译的书稿交给雷格蒙塔努斯，希望他能继续完成这项工作。

为了完成老师的遗愿，雷格蒙塔努斯凭借自己的聪明才智，在贝萨里翁的指导下，短时间内便熟悉了希腊语，并于 1463 年完成了《天文学大成》的缩写翻译，他给翻译本起名为《概论》。不过《概论》正式出版时，雷格蒙塔努斯已经去世二十年了。

二

翻译托勒密的《天文学大成》的时候，涉及了许多有关平面三角形、球面三角形的问题，雷格蒙塔努斯在修正其中的一些计算、添加最新的观测数据的同时，还完成了《论各种三角形》的写作。

《论各种三角形》是雷格蒙塔努斯的代表作，是他在总结前人欧几里得关于平面三角形和球面三角形研究的基础上，融入自己的研究成果，形成的一部系统论述三角学的著作，在欧洲三角学发展中占有重要的地位。这本书包含五篇论文，前两篇论述了平面三角学，后三篇讨论了球面三角学。第一篇里就有我们现在熟悉的许多三角函数知识。

雷格蒙塔努斯的《论各种三角形》使三角学脱离了天文学，成为数学研究领域一个独立分支，对以后欧洲数学家、天文学家的研究产生了重大影响。德国的数学家、天文学家约翰·维尔纳（J.Werner，1468—1528）的《论球面三角》，改进并发展了雷格蒙塔努斯的思想。哥白尼的学生雷蒂库斯（George Joachim Rheticus，1514—1574）完善了三角函数的表示。法国科学家韦达对平面三角与球面三角进行了系统研究。

1472 年，雷格蒙塔努斯曾利用自己的观象台完成了对一颗彗星的观测，十分精确，它就是二百年后被命名的哈雷彗星。

卡瓦列里
（Bonaventura Francesco Cavalieri，1598—1647）

一

卡瓦列里是意大利数学家，对几何学有深入的研究，是积分学先驱者之一。

1598 年，卡瓦列里出生在意大利的米兰，受家庭和社会的影响，幼年的时候，他就加入了耶稣教会的宗教团体。1615 年，卡瓦列里成为一名虔诚的耶稣会士，转年到比萨的耶稣会修道院任职。在那里，他有幸结识了伽利略的学生、数学家卡斯泰利（Benedetto Castelli，1577—1644），在卡斯泰利的引导下，卡瓦列里开始研究几何学，很快就被欧几里得、阿基米德、阿波罗尼奥斯等人的经典著作所吸引。后来，卡斯泰利把卡瓦列里介绍给伽利略，卡瓦列里便一直把自己看作是伽利略的学生。

卡瓦列里一边在米兰的修道院教授神学，一边继续研究几何学，在此期间产生了关于不可分量原理的初步思想。1627 年，卡瓦列里完成了《用新方法促进的连续量的不可分量的几何学》一书。

1628 年，卡瓦列里得知博洛尼亚大学的数学教授出现空缺席位，便写信给伽利略，希望能得到这个席位。1629 年，伽利略写了一份推荐信，他在信中说：卡瓦列里是"阿基米德之后在钻研几何学的深度和广度方面绝无仅有的人才。"

终于，卡瓦列里如愿以偿，得到了博洛尼亚大学的首席数学教职，并在这个岗位上一直工作到去世。

二

卡瓦列里在数学领域最大的贡献是提出了卡瓦列里原理，全面发展了有关求面积、体积的计算问题，为微积分的发展起到了推动作用。

利用无穷小方法求积的思想可以追溯到古希腊的德谟克利特，后来，阿基米德应用穷竭法的思想，求出了圆、弓形的面积和球表面积与体积，求出了椭圆、抛物面和旋转体的体积等。达·芬奇、开普勒等人都曾研究过用无穷小方法求面积和体积，涉及了不可分量的方法。

卡瓦列里全面发展了求积的不可分量的方法。他依据于自己提出的一个原理，并且采用多种方法来证明这一原理。

这个原理的内容如下：

如果两个平面图形夹在同一对平行线之间，并且为任何平行于这两条平行线的直线所截，截得的线段都相等，那么这两个图形的面积相等；如果每条直线（平行于上述两条平行线的）为两个图形所截得的线段的长度都有相同的比，则两个图形的面积也成相同的比。

类似地，在空间，如果两个立体图形夹在两个平行平面之间，并且为任何平行于这两个平行平面的平面所截时截得的平面图形的面积都相等，那么这两个立体图形的体积相等；如果截两个立体所得的两组截面中，每个给定平面所截得的两个不同组的截面的面积都有相同的比例，则这两个立体的体积也成相同的比。

从现代分析学的观点看，这个原理更进一步的结论实际上是：如果被积函数相等，而且积分限也相等，那么这两个积分相等，并且被积函数中的常数作为一个因子可以提到积分号外面而不改变积分的值。

这个定理涉及用面积计算体积的方法，在数学中得到了广泛的应用，对 17 世纪无穷小分析的发展，起到了重要的推动作用，成为积分发展的一个重要步骤。

除提出卡瓦列里定理，卡瓦列里还给出了采用射影线束来画二次曲线的方法，这个方法后来被德国数学家施泰纳（Jakob Steiner，1796—1863）采用，并进行了深入研究。

卡瓦列里还探讨了古希腊人二次曲线理论的起源及其在透镜和声学中的应用，以及非平坦球面透镜焦距的计算方法，解释了关于阿基米德以镜子聚焦致燃的传说。

沃利斯

（John Wallis，1616—1703）

约翰·沃利斯被认为是 17 世纪仅次于牛顿的英国数学家。他长期致力于用代数方法探讨圆锥曲线，对解析几何的发展起到了推动作用。他的著作《无穷算术》是牛顿创立微积分的重要思想来源，在微积分发展中发挥了奠基性作用。

一

1616 年 12 月，沃利斯出生在英国肯特郡，父亲是一位受人尊敬的神职人士。不幸的是，沃利斯六岁时，父亲就去世了。从小教授沃利斯科学知识，给他埋下喜欢数学的种子的是沃利斯的兄长。长大后，沃利斯进入剑桥大学选择了在神学院学习，这也是父亲生前的愿望，父亲希望沃利斯以后能够继承神职。可是神学院并不把数学作为主要课程，喜爱数学的沃利斯便在课余自修了许多数学课程，不仅如此，他还广泛阅读了地理、天文、医学、伦理学和解剖学等方面的书。

1637 年，沃利斯获得学士学位，1640 年获得硕士学位，同年被委任为牧师。1644 年，沃利斯被任职为神职人员的秘书。

沃利斯在研究数学的时候，曾认真阅读了同时代数学家笛卡尔、卡瓦列里等人的论著，也翻译过一些古代数学家的著作。从 1645 年开始，沃利斯以数学家的身份参加了伦敦自然科学家的学术会议。从 1649 年开始，沃利斯成为牛津大学萨维里几何讲座的教授，他在这个岗位上工作长达五十四年之久，直到逝世。

英国皇家学会是英国最具名望的科学学术机构，其成员在尖端科学方面都有突出贡献，而沃利斯就是英国皇家学会的创始人之一。

二

我们通常把两个互相垂直的坐标轴构成的坐标系称为笛卡尔坐标系，即平面直角坐标系，实际上平面直角坐标系的完善经历了一个比较长的发展阶段。

最初，笛卡尔创立的坐标系并不像现在这样明确，他没有考虑坐标的负值，纵坐标经常不固定，横纵坐标轴也不一定必须成 90° 角。

1655 年，也就是笛卡尔去世五年后，沃利斯首先引进了负的横、纵坐标，进一步完善了坐标系，使曲线的范围扩展到了整个平面。

沃利斯在《圆锥曲线论》著作中，第一次摆脱了过去视圆锥曲线为圆锥截线的纯几何观念，有意识地引进负向坐标，完整地得到了圆锥曲线方程，并用这些方程直接推导出圆锥曲线的几何性质，他还熟练地运用笛卡尔坐标法讨论了二次曲线，沃利斯是最先把圆锥曲线当作二次曲线加以讨论的人。

沃利斯对圆锥曲线的研究充分显示了坐标系的奇妙作用，有助于笛卡尔、费马解析几何思想的传播。牛顿就是在沃利斯的影响下，多次运用坐标系，按曲线方程来描述曲线，而且创建了新的坐标系，推进了解析几何的进一步发展。

1655 年沃利斯出版《无穷算术》，在这本书中沃利斯用算术的办法扩展了卡瓦列里的不可分量原理，采用无穷小量学说，引入了无穷级数、无穷连乘积，运用分析法和不可分量原理求出了许多面积，得到了广泛而有用的结果，并在计算圆周率 π 的过程中创立了沃利斯公式。在另一本著作《摆线论》中，沃利斯用到了与计算曲线弧长公式等价的式子，虽然关于函数极限的算术概念还不够严密，但却向极限的精确定义迈进了重要的一步。在《代数学》里，沃利斯完整地说明了零指数、负指数、分数指数的意义，首次引进了沿用至今的无穷大记号 ∞，并定义无穷小是 ∞ 的倒数，并对无穷小问题给出了精辟的论述。沃利斯的这些工作都为牛顿创立微积分奠定了基础。

牛顿曾说："大约在我的数学生涯初期，那时我们杰出的同胞沃利斯博士的著作刚刚落入我的手里，他考虑到级数，用级数插入法求出了圆与双曲线的面积。"

沃利斯除了在数学上创造性的成就之外，在物理学方面也有很多成果。他是牛顿之前，英国最重要的数学家。

棣莫弗
（Abraham de Moivre，1667—1754）

法国的数学家亚伯拉罕·棣莫弗是数理统计学的先驱。在概率论方面，他首次提出中心极限定理；他发现的正态分布雏形，为概率论发展

做出了奠基性工作；他的著作《机遇论》，在概率史上是一部里程碑意义的著作。

一

1667 年，棣莫弗出生在法国维特里，父亲是当地的一名乡村医生。童年的棣莫弗家境并不富裕，父亲行医所得只够勉强维持家用。

棣莫弗的学习最早是由父亲在家亲自教导的。等到稍微长大一点，父亲送他进入当地一所天主教学校学习。学校教育环境较为宽松，给学生们很大的自由发展空间，这给棣莫弗早期的性格和认识带来了深远的影响。

后来，棣莫弗全家离开乡村来到城市，他也随之转学到一所清教徒开办的学校。这所学校信奉教育的最终目的是服务于宗教，戒律森严，管理十分严格，但忽视数学等其他学科教育。对这样令人窒息的环境，棣莫弗很不习惯，多次忤逆学校的规定。学校为了惩戒他，常常罚他背诵各种宗教教义。但这并没有让棣莫弗屈服，也丝毫没有消减他对于数学的热爱。棣莫弗在私下偷偷学习数学知识，研习数学著作。其中，他最喜欢的是荷兰数学家惠更斯关于赌博的研究，其《论赌博中的机会》一书，更是让年轻的棣莫弗深受启发。1684 年，棣莫弗遇见了热衷于传播数学知识的法国数学教育家奥扎拉姆（J.Ozanam，1640—1717），他对数学的爱好更加浓烈，并学习了欧几里得《几何原本》等许多重要的数学著作。

1685 年，欧洲的宗教骚乱爆发，棣莫弗因与其他信仰新教的教友一起参加骚乱而被关入监狱。在获得保释之后，他移居英国伦敦。

在英国，他发现了更多优秀的科学著作。棣莫弗一边靠做家庭教师维持生计，一边如饥似渴地学习和钻研。他后来回忆，在学习牛顿新出版的《自然哲学的数学原理》时，为了能利用好零碎的时间，他把这部巨著拆开，以便能在路上抓紧时间阅读几页。

棣莫弗对数学的所有贡献，几乎都是在英国这段时间做出来的。

1692 年，棣莫弗带着自己的第一篇数学论文《论牛顿的流数原理》拜访了英国皇家学会，论文公布后引起了整个学术界的关注。

1697 年，棣莫弗当选为英国皇家学会会员，他对概率的研究及出版的著作受到越来越多人的重视。后来，有人把棣莫弗的重要著作《机遇论》呈送牛顿，牛顿看了以后赞不绝口。当有学生想请教牛顿关于概率方面的问题时，牛顿的回答是："这样的问题应该去找棣莫弗，他对这些问题的研究比我深入得多。"

棣莫弗在学术界的地位越来越高，1710 年，他被委派参与英国皇家学会调查牛顿和莱布尼茨关于微积分优先权的委员会；1735 年，他当选柏林科学院院士；1754 年，他成为法国的巴黎科学院会员。

二

概率论的相关研究起源于 16 世纪，最早要解决的是诸如掷骰子、抽奖等赌博中的一些简单问题，卡尔达诺、费马等都是概率论早期的研究者，随着社会的发展，与大量事件集合有关的概率或均值等现实问题，逐渐成为概率论研究者的研究对象。棣莫弗正是在这个阶段对概率论进行了广泛而深入的研究，为后来的研究奠定了基础。

1711 年，棣莫弗在英国皇家学会的《哲学学报》上发表《抽签的计量》；1718 年，又在这篇文章的基础上继续研究将内容扩充为《机遇论》一书，这是概率论重要的著作之一。

棣莫弗在概率方面的研究对以概率论为理论基础的数理统计学产生了较大影响，尤其是以他名字命名的中心极限定理的提出，在实际应用于经济学、管理学、医学时具有非常大的意义。不过，中心极限定理刚开始提出的时候，却没有引起人们的足够重视。

1733 年，棣莫弗提出了用正态分布估计大量抛硬币后出现正面的次数。虽然当时正态分布还没有被正式命名，只是以极限分布的形式出现，棣莫弗也从未从统计学的角度去考虑这一发现的意义，但他当时的计算中已经有了明显的正态曲线的模样。19 世纪初，法国数学家拉普拉斯扩展了棣莫弗的研究，指出二项分布可以用正态分布逼近。然而拉普拉斯的发现依旧没有引起很大反响。直到 19 世纪末，这个被提出了一百余年的定理才被世人所知。如今，更是有很多人认为中心极限定理是概率论中的"首席定理"。

在概率史上，棣莫弗的《机遇论》是与雅各布·伯努利的《猜度术》、拉普拉斯的《概率的分析理论》齐名的里程碑性质的重要论著。

哈密顿
（William Rowan Hamilton，1805—1865）

从小就天资过人、涉猎广泛的哈密顿，是爱尔兰数学家、物理学家及天文学家，被誉为"是使爱尔兰人在数学领域中享有盛誉的最伟大的人物"。在数学史上，他曾以创造"四元数"而青史留名。在分析力学和光学等领域，他的理论成果也得到了广泛的应用。

一

威廉·罗恩·哈密顿出生于爱尔兰首都都柏林，父亲是一名律师，叔父是一名语言专家，懂多国语言。哈密顿自幼聪明，被称为神童。在上大学之前，他一直没有受过学校的正式教育，都是在叔父的指导和传授之下自学钻研。哈密顿五岁时就能读拉丁文、希腊文和希伯来文，八岁时就会讲意大利话和法语，甚至还学习了阿拉伯文和梵文。

1818 年，十三岁的哈密顿遇到了一位来自美国的计算神童——泽拉·科尔伯恩（Zerah Colburn）。哈密顿被这个只大他一岁的少年惊呆了，对方的记忆力和心算才能让哈密顿叹服，并激发了他对数学的兴趣。

哈密顿学习了法国数学家克莱罗（Alexis-Claude Clairaut，1713—1765）的《代数基础》和牛顿的《自然哲学的数学原理》，研究了曲线和曲面的一些性质，创造性地将这些理论结合几何光学领域的应用进行探索。不久后，哈密顿又对天文学产生了强烈的兴趣，在读法国著名数学家和天文学家拉普拉斯的《天体力学》时，指出了书中的一个小错误。

1823 年，哈密顿顺利进入都柏林三一学院开始大学学习。在大学期间，他始终保持着优异的成绩，几乎将学校的全部奖项收入囊中。同时，他也没有停止在几何学和光学领域的探索，撰写并发表了多篇论文，包括后来 1824 年 12 月在爱尔兰皇家科学院宣读的一篇关于焦散曲线的论文。虽然此论文并未正式发表，但依然引起了当时科学界的极大重视。名声大噪的哈密顿二十二岁时就得到了皇家天文台和三一学院的任命，正式成为一位天文学教授。

1828 年，汇总了哈密顿多年来在光学领域研究和发现的论文《光束理论》发表。论文中，他将几何光学转换为数学问题，并形成了解决几何光学问题的统一方法，建立起几何光学这一学科。虽然当时很多人认为论文太抽象，难以理解，但是今天看来，它对百年后的原子结构和量子力学的发展都起着极其重要的作用。

哈密顿的学术成就不断丰富，声望也水涨船高。1835 年，他当选为不列颠科学进步协会主席，并于同年获得爵士头衔；1837—1845 年，他任爱尔兰皇家科学院院长；1863 年，美国国家科学院成立，哈密顿成为十四位国外院士中的一位。

二

哈密顿在数学上的突出贡献是把复数扩展到更高维次，进而提出了四元数这一新颖的数学概念。

根据哈密顿的记述，四元数的灵感来源于一天他和妻子在皇家运河上散步，走着走着，他突然想到 $i^2=j^2=k^2=-1$ 的方程解，就立刻将此方程刻在附近的桥上（现称为金雀花桥）。这个方程放弃了交换律，在当时这是一个极端的想法。在这之后，哈密顿继续推广四元数，并出版了几本书，最后一本《四元数的原理》内容长达八百多页，在他去世后才出版。

许多数学家都认为四元数是 19 世纪纯数学方面的一个极为重要的发现。20 世纪中叶，数学家在研究四元数的基础上，提出向量的概念，成为研究数学和物理学的重要工具，对数学和物理学的发展产生了较大影响。因此，四元数的产生对于代数学的发展来说是革命性的。

如今，四元数已经在电磁学、控制论、航空航天、人工智能等许多领域得到了广泛的应用。

除了创造四元数外，哈密顿在微分方程和泛函分析领域也有非常突出的成就，现在的哈密顿算符、哈密顿-雅各比方程等都是其不朽成就的证明。

在分析力学方面，他提出了著名的哈密顿原理，通过一个变分式推出各种动力学定律，找到了力学和几何光学的同一性，为后来电磁学等领域的发展提供了重要的理论基础。以他的名字命名的哈密顿函数是一个与能量有密切联系的函数，后来的矩阵力学和波动力学从根源上都和经典的哈密顿函数有联系。此外，哈密顿还解释了锥形折射现象，创建了现代矢量分析方法。这一系列的成果在现代物理学，尤其是电磁学研究中有着非常广泛的应用。

另外，他还对伽罗瓦理论进行了补充。

1943 年，爱尔兰政府为了纪念四元数的伟大发现，特别发行了哈密顿纪念邮票。

伽罗瓦
(Évariste Galois，1811—1832)

埃瓦里斯特·伽罗瓦是法国的数学家，他的一生虽然十分短暂，但才华和学术成就令人瞩目。他以崭新的方式去思考和描述数学世界，创立的现代数学中的分支学科——群论，是代数与数论的基本支柱之一。群论使数学研究有了新的发展平台和工具，并推动了代数学的研究方向，使得抽象代数应运而生。

一

1811 年 10 月 25 日，伽罗瓦出生在法国巴黎一个较为富裕的家庭，父亲是一位市政官员，母亲是律师的女儿，聪明、豁达，有很高的学识和人文修养。伽罗瓦童年时，接受了良好的家庭教育，母亲给他上课，指导他学习，因而伽罗瓦从小就具备了强烈的好奇心和求知欲。十二岁时，伽罗瓦就读中学，各科成绩都很好。但他逐渐对只注重形式和技巧的授课方式感到厌烦和失望，就在他为自己的学习感到迷茫之时，新来的数学老师范涅尔（H.J. Vernier）激发了伽罗瓦的数学天赋。伽罗瓦开始痴迷于数学，把学习的激情都投入到数学之中，对于其他学科逐渐失去了兴趣。

中学数学的教学内容已远远不能满足伽罗瓦对数学的渴望与向往，他开始阅读数学大师的经典著作，欧拉与高斯的著作，勒让德的《几何原理》，拉格朗日的《论任意阶数值方程的解法》和《解析函数论》，他都一一拜读，大师们清晰严谨的数学思维使他感到充实、自信。不过，校方给伽罗瓦的评语是："奇特、怪异、有原创力又封闭。"

伽罗瓦曾将有关代数方程解的研究论文呈交法国科学院，但负责审阅的数学家柯西却将文章连同摘要都弄丢了。

伽罗瓦两次报考他理想的巴黎综合技术学校，却都未能如愿。父亲的蒙冤自杀，尤其影响了他的第二次考试。

后来，伽罗瓦进入巴黎高等师范学院（Ecole Normale Supérieure）学习，他再次将自己的研究成果写成三篇论文，争取当年科学院的数学大奖，但论文送到傅里叶手中不久，傅里叶却过世了。

一连串的人生不幸，导致伽罗瓦的政治观与人生观发生极大的转变。

1830年七月革命发生后，伽罗瓦强烈支持共和主义，甚至两度因政治原因被捕下狱。即便在监狱中，伽罗瓦仍然顽强地进行数学研究，修改关于方程论的论文。

1832年，年轻而又偏执的伽罗瓦陷入一段恋情的漩涡，并在与人决斗中丧命。

伽罗瓦去世十余年后，他的数学论文才得以发表并引起了很大的震动，当时的许多数学家无不惊叹这位有着悲惨遭遇的年轻人所创造的数学杰作。

二

从数学的发展史来看，人们很早就得到了一元一次方程和一元二次方程的解法，但求解一元三次方程的解法却经历较为漫长的阶段。直到16世纪初的文艺复兴时期，意大利数学家卡尔达诺才首次发表了一元三次方程一般解法——卡尔达诺公式。这个伟大的发现推动了一元四次方程的求解，不久之后，意大利的数学家费拉里发现了一元四次方程的一般解法。

此后，一元五次方程的求解自然成了数学家们的迫切愿望。可任何事物的发展都不是一帆风顺的，探索一元五次方程的求解方法遇到了前所未有的挑战。数学家们在长达三个多世纪的探索和研究中，耗费了大量的时间和精力，最终未能得到解决。法国数学家拉格朗日称：这一问题是在向人类的智慧挑战。

1770年，拉格朗日意识到一元五次方程的代数方法可能不存在，这是基于他对低于五次方程的结构深入分析后得出的结论。之后，挪威数学家阿贝尔证明了高于四次方程的一般代数方程没有一般形式的代数解，但是他并没有指出哪些特殊的方程存在代数解。

伽罗瓦通过改进拉格朗日的研究思想，并在阿贝尔研究的基础上，首次提出了群的概念，并用群论解决了困扰数学家三百余年的难题。伽罗瓦的突破完全超越了当时数学界的理解和认知。直到十多年之后，由于对群论的认可，才使得伽罗瓦的全部工作被认可，并归入了数学的主流。后人为了纪念他，把他的研究成果称之为伽罗瓦理论。

狄利克雷

（Johann Peter Gustav Lejeune Dirichlet，1805—1859）

一生酷爱数学的狄利克雷是一位在数学分析、数论等方面都有突出贡献的德国数学家。非常古怪的狄利克雷函数、有趣的"抽屉原理"、现代函数的概念等，都是他提出来的。狄利克雷在解析数论方面取得的丰硕成果推动了分析学的进一步发展，也奠定了他在分析学方面的地位。

一

约翰·彼得·古斯塔夫·勒热纳·狄利克雷出生于德国的迪伦。父亲是当地邮政局的局长，育有七个子女，狄利克雷是最小的孩子。虽然家庭并不富裕，不过开明的父母非常注重狄利克雷的教育，将他送入私立学校上学。1817 年，狄利克雷去了科隆的一个教会学校读书。在那里，他师从物理学家欧姆（Georg Simon Ohm，1789—1854），在名师指导下学习了基础的物理学知识。

中学毕业后，父母希望狄利克雷学习法律，但爱好数学的狄利克雷想在数学领域继续深造，最终他的坚持获得了父母的认可。当时德国高校数学水平并不高，除了高斯作为名义上的天文学教授在哥廷根大学搞数学研究之外，并没有其他高校教授高等数学。狄利克雷来到了哥廷根大学，师从高斯。但很快，狄利克雷发现高斯本人不喜欢也不擅长教课，于是他选择赴法国继续学习数学。

当时的法国巴黎是欧洲数学的中心，法国科学院和巴黎理工学院荟萃一大批优秀的数学家，如拉普拉斯、勒让德、傅里叶等。狄利克雷一边在巴黎理工学院学习，一边担任家庭教师，其间，他结识了当时法国许多著名的数学家，并深受影响。狄利克雷对傅里叶在三角级数和数学物理方面的教诲尤为尊重。

狄利克雷在离开德国时，带走了导师高斯的著作《算术研究》，但当时他还未有能力完全理解其中的高深之处。在巴黎期间，随着狄利克雷对数学的不断钻研，最终成为真正掌握其精髓的人。可以说，高斯和傅里叶是对狄利克雷学术研究影响最大的两位数学前辈。

二

狄利克雷所处的时代，费马猜想风靡数学界，吸引了数学家和众多数学爱好者为之倾心研究。1825 年，狄利克雷向法国科学院提交的第一篇数学论文是费马猜想 $n = 5$ 的证明，他被邀请到法国科学院，进行了一次关于 $n = 5$ 证明的演讲。这次演讲，取得了良好的效果。1826年，傅里叶向正为振兴德国自然科学研究四处奔走的洪堡推荐了狄利克雷。不仅如此，高斯也向洪堡寄去了推荐信，在信中高斯盛赞了狄利克雷有关费马猜想的相关证明。

狄利克雷于 1826 年返回德国，开始了在柏林长达二十七年的教学与研究生涯。他除了教授数学分析、数学物理外，还教授数论，他是德国第一个教授数论的教师。由于狄利克雷为人谦逊，讲课循循善诱，思路清晰，思想深邃，吸引和培养了一大批优秀数学家，使德国在 19 世纪后期成为又一个国际数学中心。

1855 年，由于高斯去世，哥廷根大学邀请狄利克雷接替了高斯的职位。1858 年，狄利克雷在一次旅行中心脏病发作，第二年初夏，这位数学巨匠不幸病逝于哥廷根，他的大脑和高斯的大脑一起被保存在了哥廷根大学的生理学系。

狄利克雷是解析数论的创始人之一，在数论、数学分析和数学物理领域都有突出的贡献。

在数论方面，狄利克雷对高斯的《算术研究》做了明晰的解释和有创见性的完善，使高斯的思想得以广泛传播。他的遗著《数论讲义》中，包含了他在数论方面的许多成果。

在分析学方面，狄利克雷是 19 世纪分析学严格化的倡导者之一。他先后发表了《关于三角级数的收敛性》《用正弦和余弦级数表示完全任意函数》等论文，进一步发展了傅里叶级数的理论，并提出新的单值函数、狄利克雷函数、狄利克雷积分等概念。其中，狄利克雷函数的出现，标志着数学从研究"算"转变到了研究"概念、性质、结构"。狄利克雷是给出函数一般定义的第一人。

在数学物理方面，狄利克雷对椭球体产生的引力、球在不可压缩流体中的运动、由太阳系稳定性导出的一般稳定性等课题都做了重要论述。

1936—2022 年菲尔兹奖一览

获奖年份	获奖者	国籍	获奖成就
1936	阿尔斯·阿尔福斯（Lars Valerian Ahlfors，1907—1996）	美国（芬兰裔）	解决邓若瓦猜想，建立覆盖面理论
	杰西·道格拉斯（Jesse Douglas，1897—1965）	美国	解决普拉托问题，在变分法逆问题上的贡献
1950	坎布里奇罗朗·施瓦尔兹（Laurent Schwartz，1915 年出生）	法国	广义函数论
	阿特勒·赛尔伯格（Atle Selberg，1917—2007）	美国（挪威裔）	用初等方法证明素数定理
1954	小平邦彦（Kunihiko Kodaira，1915—1997）	日本	推广黎曼-罗赫定理，小平邦彦消解定理
	让-皮埃尔·塞尔（Jean-Pierre Serre，1926 年出生）	法国	一般纤空间概念、同伦的局部化方法及同伦论的一些重要结果
1958	克劳斯·费里德里希·罗斯（Klaus Friedrich Roth, 1925 年出生）	英国（德裔）	代数数有理逼近的瑟厄-西格尔-罗斯定理
	雷内·托姆（René Thom，1923—2002）	法国	拓扑学配边理论、奇点理论、拓扑流形理论
1962	拉尔斯·霍尔曼德尔（Lars Hormander，1931—2012）	瑞典	现代线性偏微分方程现代理论
	约翰·米尔诺（John Milnor，1931 年出生）	美国	微分拓扑、K 理论和动力系统

（续）

获奖年份	获奖者	国籍	获奖成就
1966	迈克尔·法兰西斯·阿提雅（Michael Francis Atiyah，1929—2019）	英国	阿蒂亚-辛格指标定理，解决李群表示论，把不动点原理推广到一般形式
	鲍尔·约瑟夫·科恩（Paul Joseph Cohen, 1934 年出生）	美国	力迫法，连续统假设与 ZF 系统的独立性
	亚力山大·格罗腾迪克（Alexandre Grothendieck, 1924—2014）	无国籍（犹太裔）	现代代数几何体系，泛函分析中的核空间张量积
	斯蒂芬·斯梅尔（Stephen Smale，1930 年出生）	美国	证明五维及以上的庞加莱猜想及微分动力系统理论
1970	尼斯阿兰·贝克（Baker，Alan，1939 年出生）	英国	超越数论，二次域的类数问题
	广中平祐（Heisuke Hironaka，1931 年出生）	日本	代数簇的奇点消解问题
	谢尔盖·彼得洛维奇·诺维科夫（Новиков,Сергей петрович，1938 年出生）	苏联	代数拓扑和孤波理论
	约翰·格里格·汤普逊（John Griggs Thompson，1932 年出生）	美国	法伊特-汤普森定理（奇阶定理），有限单群分类
1974	大卫·布赖恩特·曼福德（David Bryart Mumford，1937 年出生）	美国（英裔）	代数几何学参模理论，证明代数曲面、代数曲线和高维代数簇有一个不同之处
	恩里科·庞比里（Enrico Bombier，1940 年出生）	意大利	有限单群分类问题，哥德巴赫猜想的（1，3）命题
1978	查里斯·费弗曼（Charles Fefferman，1949 年出生）	美国	奇异积分算子，偏微分方程
	皮埃尔·德利涅(Pierre Deligne，1944 年出生）	比利时	证明韦伊猜想

获奖 年份	获奖者	国籍	获奖成就
1978	丹尼尔·奎伦（Daniel Gray Quillen， 1940 年出生）	美国	代数 k 理论的亚当斯猜想、 塞尔猜想
	格·阿·玛古利斯（Маргулис，Г.А.， 1946 年出生）	俄罗斯	关于李群的离散子群的塞尔 伯格猜想
1982	阿兰·孔耐（Alan Connes，1947 年 出生）	法国	算子代数，代数分类问题
	威廉·瑟斯顿（William Thurston， 1946 年出生）	美国	三维流形的叶状结构及其 分类
	丘成桐（Shing-Tung Yau，1949 年 出生）	美国 （华裔）	证明卡拉比猜想、正质量 猜想
1986	格尔德·法尔廷斯（Gerd Faltings， 1954 年出生）	德国	证明莫德尔猜想
	西蒙·唐纳森（Simon Danaldson， 1957 年出生）	英国	四维流形的拓扑学研究
	迈克尔·哈特利·弗里德曼 （Freedman，Michael，1951 年出生）	美国	证明四维流形拓扑的庞加莱 猜想
1990	弗拉基米尔·德林费尔德 （Vladimir Drinfeld，1954 年出生）	苏联	德林费尔德模，与量子群有 关的霍普夫代数
	沃恩·琼斯（Vaughan Frederick Randal Jones，1952—2020）	新西兰	扭结理论，琼斯多项式
	森重文（Shigefumi Mori，1951 年 出生）	日本	三维代数簇的分类
	爱德华·威滕（Edward Witten， 1951 年出生）	美国	弦理论 对超弦理论作了统一的数学 处理

（续）

获奖年份	获奖者	国籍	获奖成就
1994	布尔盖恩（Jean Bourgain，1954 年出生）	比利时	无限维的偏微分方程
	皮埃尔-路易·利翁（Pierre-Louis Lions，1956 年出生）	法国	非线性偏微分方程，玻尔兹曼方程
	让-克里斯托弗·约克兹（Jean-Christophe Yoccoz，1957 年出生）	法国	一般复动力系统的性状和分类
	叶菲姆·泽尔曼诺夫（Yefim Zelmanov，1955 年出生）	俄罗斯	有限群理论，提出非交换有限简单群推广猜想
1998	博切尔兹（(Richard E. Borcherds，1959 年出生）	英国	对"魔群月光猜想"的证明，顶点算子代数及卡茨-穆迪代数
	威廉·蒂莫西·高尔斯（William Timothy Gowers，1963 年出生）	英国	利用组合数学方法在巴拿赫空间塑造一系列完全不具备对称性的结构
	孔采维奇（Maxim Lvovich Kontsevich，1964 年出生）	法国（俄裔）	对"线理论"和理论物理学、代数几何及拓扑学的研究做出贡献
	麦克马兰（Curtis T. McMullen，1958 年出生）	美国	在双曲几何、混沌理论取得成果
	安德鲁·怀尔斯（Andrew Wiles，1953 年出生）	英国	证明费马猜想
2002	洛朗·拉佛阁（Laurent afforgue，1966 年出生）	法国	证明整体朗兰兹纲领，在数论与分析两大领域建立新的联系
	符拉基米尔·弗沃特斯基（V.Voevodsky，1966 年出生）	美国（俄裔）	发展新的代数簇上同调理论，有助于数论与几何的统一，帮助解决了米尔诺猜想

获奖年份	获奖者	国籍	获奖成就
2006	安德烈·奥昆科夫（Andrei Okounkov，1969 年出生）	美国（俄裔）	将概率论、代数表示论和代数几何学联系起来
	格里戈里·佩雷尔曼（Grigori Perelman，1966 年出生）	俄罗斯	在几何学以及对瑞奇流中的分析和几何结构的革命化见识
	陶哲轩（Terence Tao，1975 年出生）	澳大利亚（华裔）	偏微分方程，组合数学，调和分析及堆垒数论
	温德林·沃纳（Wendelin Werner，1968 年出生）	法国（德裔）	发展随机共形映射、布朗运动二维空间的几何学以及共形场理论
2010	吴宝珠（Bao Chau Ngo，1972 年出生）	越南/法国	证明朗兰兹纲领中自守形式理论的基本引理
	埃隆·林登施特劳斯（Elon Lindenstrauss，1970 年出生）	以色列	遍历理论的测度刚性及其在数论中的应用
	斯坦尼斯拉夫·斯米尔诺夫（Stanislav Smirnov，1970 年出生）	俄罗斯	证明了统计物理中平面伊辛模型和渗流的共形不变量
	赛德里克·维拉尼（Cédric Villani，1973 年出生）	法国	证明了玻尔兹曼方程的非线性阻尼以及收敛于平衡态
2014	阿图尔·阿维拉（Artur Avila，1979 年出生）	法国（巴西裔）	利用重整化思想作为统一原理对动力系统理论做出改变
	曼纽尔·巴尔加瓦（Manjul Bhargava，1974 年出生）	美国/加拿大（印度裔）	利用新方法计算小秩的环数，估计椭圆曲线平均秩的界
	马丁·海尔（Martin Hairer，1975 年出生）	奥地利	对随机偏微分方程理论作出贡献
	玛利亚姆·米尔扎哈尼（Maryam Mirzakhani，1977 年出生）	美国（伊朗裔）	对黎曼曲面及其模空间的动力学和几何做出贡献

（续）

获奖年份	获奖者	国籍	获奖成就
2018	皮特·舒尔兹（Peter Sch0lze，1987 年出生）	德国	通过引入拟完备空间把算术代数几何转换到 p 进域上，并应用于伽罗瓦表示，以及开发新的上同调理论
	考切尔·比尔卡尔（Caucher Birkar，1978 年出生）	伊朗	证明法诺代数簇的有界性，对极小模型理论的贡献
	阿莱西奥·菲加利（Alessio Figalli，1984 年出生）	意大利	在最优传输理论方面的贡献
	阿克萨伊·文卡特什（Akshay Venkatesh，1981 年出生）	澳大利亚（印度裔）	在解析数论、拓扑学、表示论方面的贡献
2022	雨果·迪米尼-科潘（Hugo Duminil-Copin，1985 年出生）	法国	解决统计物理学相变概率理论问题，特别是三维和四维两个领域的问题
	许埈珥（June Huh，1983 年出生）	美国（韩裔）	将霍奇理论引入组合学，证明几何格的道林-威尔逊猜想、拟阵的赫伦-罗塔-韦尔什猜想、强梅森猜想，发展洛伦兹多项式理论
	詹姆斯·梅纳德（James Maynard，1987 年出生）	英国	对素数结构和丢番图逼近的理解
	玛丽娜·维亚佐夫斯卡（Maryna Viazovska，1984 年出生）	乌克兰	证明 E8 格在八维空间中具有最稠密填装，对傅里叶分析中相关极值问题和插值问题做出进一步贡献

菲尔兹奖（Fields Medal），又译为菲尔茨奖，世界数学领域的最高奖项，被誉为"数学界的诺贝尔奖"。是依加拿大数学家菲尔兹（John Charles Fields，1863—1932）的要求，由国际数学联合会设立的国际性奖项，1936年首次颁发。在每四年举办一次的国际数学家大会上颁奖，每次获奖人数为二至四名。获奖者年龄须在40岁以内。

　　截至2022年，世界上共有64位数学家获得菲尔兹奖，其中，女性数学家2名。

图书在版编目（CIP）数据

课本中的数学家 / 王震学, 刘钰莎编写. — 北京：
农村读物出版社, 2023.7
ISBN 978-7-5048-5804-7

Ⅰ. ①课… Ⅱ. ①王… ②刘… Ⅲ. ①数学家 – 生平
事迹 – 世界 – 青少年读物 Ⅳ. ①K816.11-49

中国版本图书馆 CIP 数据核字 (2019) 第 107008 号

课本中的数学家
KEBEN ZHONG DE SHUXUEJIA

农村读物出版社 出版
CHINA RURAL READING PRESS
中国农业出版社
地址：北京市朝阳区麦子店街 18 号楼
邮编：100125
策划编辑：马春辉　　责任编辑：马春辉　周益平
文字编辑：马春辉　李海锋
版式设计：王　晨　　责任校对：吴丽婷
印刷：北京中兴印刷有限公司
版次：2023 年 7 月第 1 版
印次：2023 年 7 月北京第 1 次印刷
发行：新华书店北京发行所
开本：700mm×1000mm　1/16
印张：12.5
字数：255 千字
定价：30.00 元